W0066742

Bernard Glassman und
Rick Fields

Anweisungen für den Koch

Lebensentwurf eines Zen-Meisters

Aus dem Amerikanischen von
Theo Kierdorf und Hildegard Höhr

Hoffmann und Campe

Die Originalausgabe erschien unter dem Titel
»Instructions to the Cook« bei BELLTOWER
Imprint von Harmony Books, ein Unternehmen
von Crown Publishers, Inc., New York

Die Deutsche Bibliothek – CIP-Einheitsaufnahme

Glassman, Bernard T.:
Anweisungen für den Koch: Lebensentwurf eines Zen-Meisters/
Bernard Glassman/Rick Fields. Aus dem Amerikan.
von Hildegard Höhr und Theo Kierdorf. – 1. Aufl. – Hamburg:
Hoffmann und Campe, 1997
Einheitssacht.: Instructions to the cook ⟨dt.⟩
ISBN 3-455-12000-8

Copyright © 1996 by the Zen Community
of New York and Rick Fields
Copyright der deutschen Ausgabe
© 1997 by Hoffmann und Campe Verlag, Hamburg
Lektorat: Micheline Rampe
Schutzumschlaggestaltung: Büro Hamburg unter Verwendung
eines Fotos von Lon Van Keulen
Satz: Dörlemann Satz, Lemförde
Druck und Bindung: Clausen & Bosse, Leck
Printed in Germany

Ich widme dieses Buch meinem Lehrer, Hakuyu Taizan Maezumi Roshi, der am 14. Mai 1995 im frühen
Alter von 64 Jahren starb. Maezumi Roshi war der
Vater unserer Linie in den USA und in Europa und
ein Meisterkoch des Zen. Ich möchte ihm folgendes
geloben:

Frei im uns selbst erfüllenden und andere erfül-
    lenden Samadhi,
gelobe ich, das Siegel des einen Buddha-Geistes
    zu erhalten und zu fördern.
Leben um Leben, Geburt um Geburt eifrig übend,
gelobe ich, niemals die Weisheitssaat der Buddhas
    und Vorgänger absterben zu lassen.
Dies gelobe ich dir.
In tiefer Dankbarkeit,

Bernard Tetsugen Glassman

Inhalt

Ich verneige mich tief in alle zehn Richtungen vor den Angehörigen des Greyston-Mandalas, insbesondere vor den Pionieren, die in der Warburton Avenue 68 wohnen, sowie vor dem Personal der Greyston-Bäkkerei und den Mitgliedern der Zen Community von New York. Ich bewundere ihren Mut und das Engagement, mit dem sie sich für den Teil der Gesellschaft einsetzen, der von der Allgemeinheit abgelehnt wird, und ich bewundere ihren Mut, sich mit ihren eigenen »abgelehnten Teilen« auseinanderzusetzen.

Unsere allergrößte Hochachtung gilt dem Zen-Meister Dogen und seiner Schrift *Tenzo Kyokun (Anweisungen für den Zen-Koch)*, die uns zutiefst inspiriert hat. Die Übersetzung, auf die wir Bezug nehmen, ist in dem Buch *Zen für Küche und Leben* von Zen-Meister Dogen und Kosho Uchiyama enthalten.

Prolog

Die Vorbereitung des Speiseplans

Als ich mit dem Zen-Studium begann, gab mir mein Lehrer ein *Koan*, eine Zen-Frage, die ich beantworten sollte: »Wie kommt man weiter, wenn man am obersten Punkt eines dreißig Meter hohen Pfahls angelangt ist?«

Mit dem Verstand, mit Hilfe der Logik lassen sich solche *Koans* nicht beantworten.

Man meditiert also lange über die Frage, sucht schließlich seinen Zen-Meister wieder auf und sagt etwas wie: »Die Antwort ist: Völlig im Augenblick leben.«

Für den Anfang ist das eine gute Antwort. Aber es ist nur der rationale, der logische Teil der Antwort. Wir müssen noch einen Schritt weitergehen. Wir müssen die Antwort veranschaulichen, sie verkörpern. Wir müssen dem Zen-Meister zeigen, *wie* wir völlig im Augenblick leben. Wir müssen der Antwort in unserem Leben Form geben – in unseren Alltagsbeziehungen, auf dem Marktplatz, bei der Arbeit und natürlich auch in der Meditationshalle.

Wenn wir wirklich voll und ganz leben, wenn wir ein Leben führen, das alle Bereiche einbezieht, wird unser Leben zu dem, was Zen-Buddhisten »das Große Mahl« nennen.

Wir bereiten das Große Mahl aus den Zutaten, die vorhanden sind. Wir machen das Bestmögliche daraus und bieten es der Welt an.

Dieses Buch beschreibt die Zubereitung des Großen Mahls.

Sie werden darin lernen, wie Sie über die Spitze eines dreißig Meter hohen Pfahls hinausgelangen.

Sie werden lernen, wie Sie mitten im Gewühl des Marktplatzes voll und ganz leben können – genau wie in jedem anderen Bereich Ihres Lebens.

Gewöhnlich suchen mich Menschen in meiner Funktion als Zen-Lehrer auf, weil sie das Gefühl haben, ihnen fehle etwas in ihrem Leben. Man könnte sogar sagen, daß die meisten Menschen sich dem Zen zuwenden, weil sie in irgendeiner Form unter Hunger leiden.

Manche sind in ihrem Beruf erfolgreich, sie haben jedoch das Gefühl, daß die tieferen, die »spirituellen« Aspekte in ihrem Leben zu kurz gekommen sind. Diese Menschen suchen im Zen einen Lebenssinn. Andere haben sich ihrer spirituellen Suche so intensiv gewidmet, daß sie die Sorge um ihren Lebensunterhalt vernachlässigt oder sich überhaupt nicht darum gekümmert haben. Diese Menschen wenden sich dem Zen zu, um »mit ihrem Leben ins reine zu kommen«.

Wieder andere kommen zur Zen-Meditation, weil die damit verbundene Körperhaltung und Atmung sich positiv auf die Gesundheit auswirken. Regelmäßiges Meditieren senkt nachweislich den Blutdruck und verbessert die Durchblutung. Auch auf die Lungenfunktion wirkt sich Meditation günstig aus, und die Atmung wird tiefer und kräftiger.

Es gibt auch Menschen, die sich zum Zen hingezogen fühlen, weil sie »an sich selbst arbeiten« wollen. Sie hoffen, daß die Zen-Praxis sie in ihrer inneren Entwicklung fördern und sie zu »besseren Menschen« machen wird.

Und dann gibt es natürlich Menschen, die Zen um spiritueller Ziele willen praktizieren – weil sie *Satori* oder *Kensho* erfahren wollen. *Satori* bedeutet wörtlich »Erwachen«, und *Kensho* bedeutet, »die eigene wahre Natur sehen«. Das Sehen, das hier gemeint ist, ist nicht auf die Augen beschränkt, sondern es ist auch ein Sehen von Körper und Geist.

Alle genannten Gründe für die Beschäftigung mit Zen sind völlig akzeptabel. Zen kann Ihnen helfen, in Ihrem Leben Gleichgewicht und Harmonie herzustellen. Zen kann Ihre Gesundheit günstig beeinflussen. Zen kann Ihnen bei der Festlegung Ihrer Prioritäten helfen, und das wirkt sich zweifellos positiv auf Ihre Leistungsfähigkeit aus.

Zen kann auch die psychische Gesundheit positiv beeinflussen. Die Zen-Übung kann zwar Streit und

Zwietracht nicht aus der Welt schaffen, doch hilft sie uns, unsere Probleme zu relativieren. Sie stabilisiert uns so, daß wir nach Erschütterungen durch unerwartete Ereignisse unser Gleichgewicht schneller wiederfinden.

Die Zen-Übung hilft uns auch in vielen anderen Bereichen. Sie kann uns eine Erfahrung inneren Friedens vermitteln. Sie kann unsere Konzentration stärken. Sie kann uns bei der Überwindung verfestigter Ansichten und Vorurteile helfen. Durch sie kann unsere Arbeit effektiver werden. All dies sind positive Auswirkungen der Zen-Meditation – es sind jedoch ausschließlich »Nebenwirkungen«.

Auf der tiefsten, grundlegendsten Ebene ist Zen – wie übrigens jeder spirituelle Pfad – wesentlich mehr als die Summe all seiner positiven Auswirkungen auf unser Leben. Zen ist vor allem die Erkenntnis der Einheit und Verbundenheit aller Aspekte des Lebens. Zen ist nicht nur der reine oder »spirituelle« Teil des Lebens, sondern das *ganze* Leben: die Blumen, die Berge, die Flüsse und Bäche, aber *auch* die Stadt und die obdachlosen Kinder auf der Straße. Zen ist der strahlend blaue Himmel ebenso wie der wolkenverhangene Himmel und der versmogte Himmel. Zen ist die Taube, die durch den offenen Himmel fliegt, die Taube, die im offenen Himmel scheißt, und das Hineintreten in den Taubenkot auf dem Gehweg. Zen ist die Rose, die im Garten wächst, die abgeschnittene Rose in der Vase, der Abfall, zu dem die Rose schließlich wird, und auch der Komposthaufen, auf dem sie zerfällt.

Zen ist Leben – unser Leben. Zen beinhaltet die Erkenntnis, daß alle Dinge nichts anderes sind als Ausdruck von uns selbst und daß wir selbst nichts anderes sind als der vollständige Ausdruck aller Dinge. Zen ist ein Leben ohne Grenzen.

Es gibt viele Metaphern für solch ein Leben. Doch die meiner Meinung nach nützlichste und bedeutsamste stammt aus der Küche. Zen-Meister nennen ein Leben, das alles umfaßt, »das Große Mahl«. Und ein Mensch, der so lebt, ein Mensch, der weiß, wie man das Große Mahl des Lebens plant, kocht, genießt, serviert und anbietet, wird Zen-Koch genannt.

Eine der höchsten und wichtigsten Positionen in Zen-Klöstern ist die des Kochs. Dogen, der Begründer der größten Schule des japanischen Zen-Buddhismus, hat im 13. Jahrhundert seine berühmten »Anweisungen für den Koch« geschrieben. Darin berichtet er von seiner Suche nach einem wahren Meister und von seiner gefährlichen Schiffsreise nach China. Als er nach heftigen Stürmen und Piratenüberfällen sein Ziel endlich lebend erreichte, mußte er an Bord des Schiffes bleiben, bis die chinesischen Beamten seine Papiere überprüft hatten.

Während dieser Wartezeit besuchte ihn ein älterer chinesischer Mönch, der *Tenzo*, also Chefkoch, seines Klosters war. Am folgenden Tag, dem Tag des Frühlingsanfangs, wollte dieser Koch den Mönchen seines Klosters etwas Besonderes vorsetzen. Er war zwölf Meilen gelaufen, weil er ein paar der berühmten Shiitake-Pilze kaufen wollte, die Dogen aus Japan mitgebracht hatte. Am nächsten Morgen wollte er sie für eine Nudelsuppe verwenden.

Dogen war sehr von diesem Mönch beeindruckt und bat ihn, zum Abendessen und über Nacht zu bleiben. Doch der Koch ließ sich nicht von seinem Plan abbringen, rechtzeitig wieder zu seinem Kloster zurückzukehren.

»Es gibt doch sicher andere, die in deiner Abwesenheit kochen können«, bedrängte Dogen ihn weiter.

»Man hat mir die Verantwortung für diese Arbeit übertragen«, entgegnete der Mönch. »Wie kann ich sie anderen überlassen?«

»Aber wie kann ein ehrwürdiger älterer Mönch wie du seine Zeit mit der harten Arbeit des Chefkochs vergeuden?« wandte Dogen ein. »Warum widmest du dich nicht der Meditation oder studierst die großen Meister?«

Der Zen-Koch brach in schallendes Gelächter aus, so als hätte Dogen etwas überaus Lustiges gesagt. »Mein werter ausländischer Freund, offenbar hast du nicht die geringste Ahnung, worum es in der Zen-Praxis geht. Ich lade dich zu einem Besuch in meinem Kloster ein. Dort können wir uns etwas eingehender über diese Dinge unterhalten.«

Dann nahm er seine Pilze und machte sich auf den langen Rückweg.

Tatsächlich besuchte Dogen den Zen-Koch später und studierte unter ihm wie auch unter vielen anderen Meistern. Schließlich wurde er selbst ein berühmter Zen-Meister. Doch die Lektionen, die jener Zen-Koch in China ihm erteilt hatte, vergaß er sein Leben lang nicht. Dogen schrieb später, es sei die Pflicht des Zen-Kochs, das beste und köstlichste Mahl aus den vorhandenen Zutaten zu bereiten, auch wenn er nur Reis und Wasser habe. Der wahre Zen-Koch benutzt, was vorhanden ist, und macht das Bestmögliche daraus, statt sich darüber zu beklagen, was er alles *nicht* hat, oder dies als Entschuldigung dafür anzuführen, daß das Resultat seiner Bemühungen so kläglich ausgefallen ist.

Auf einer Ebene sind Dogens »Anweisungen für den Koch« genau das, was der Titel der Schrift sagt: eine Anleitung, wie man das Essen für die Mönche auf die richtige Weise zubereitet und anrichtet. Doch auf einer anderen Ebene handelt es sich dabei um eine Anleitung für die Zubereitung des Großen Mahls – unseres eigenen Lebens, des größten Geschenks, das wir selbst bekommen, und gleichzeitig das größte Geschenk, das wir anderen machen können.

Ich habe viele Jahre lang meditiert und Dogens Anweisungen studiert, weil ich ein Zen-Koch werden wollte, der genau weiß, wie das Große Mahl zubereitet wird. Also stand ich jeden Morgen gegen 5.30 Uhr auf und übte viele Stunden lang *Zazen*, die Zen-Meditationsform des stillen Sitzens. Mit meinem Lehrer zusammen studierte ich *Koans*, paradoxe Zen-Fragen wie »Was ist der Ton der einen klatschenden Hand?«, und später wurde ich selbst Zen-Lehrer in der von Dogen begründeten Tradition.

Mit Hilfe der Prinzipien, die ich in meinem Zen-Studium lernte – der Prinzipien des Zen-Kochs – kann jeder Mensch sein Leben in allen Bereichen zu voller Blüte bringen, im Beruf, im Privaten und in der Gemeinschaft.

Ein Meisterkoch muß in seiner langen Lehrzeit Tausende von Mahlzeiten zubereiten und servieren. Manche Küchenchefs halten ihre Rezepte und Zubereitungen geheim. Andere sind bereit, ihre jahrelange Erfahrung, Mißerfolge und Erfolge, in Rezepte einfließen zu lassen, mit deren Hilfe andere diese Gerichte dann selbst zubereiten können. Ich habe in diesem Buch versucht, meine langjährige Erfahrung als Zen-Koch zusammenzufassen. Es enthält meine Rezepte für das Große Mahl des Lebens.

Zen basiert auf den Lehren des Buddha. Buddha war kein Gott, und Buddha ist auch kein anderer Name für Gott. Buddha war ein Mensch, der durch seine eigenen Bemühungen zu einer Erfahrung des Erwachens gelangte. Dieses Erwachen, das auch Erleuchtung genannt wird, war ein Ergebnis seiner Meditationsübung.

Auf die Frage, was der Buddha entdeckte, gibt es

viele verschiedene Antworten. Die Zen-Tradition, die ich studiert habe, sagt, nach seinem Erwachen habe der Buddha die Augen geöffnet, den Morgenstern am Himmel gesehen und ausgerufen: »Wie wunderbar, wie wunderbar! Alles ist erleuchtet. Alle Wesen und alle Dinge sind erleuchtet, so wie sie sind.«

Deshalb lautet das erste Prinzip des Zen-Kochs, daß wir bereits alles haben, was wir brauchen. Wenn wir uns unser Leben genau anschauen, stellen wir fest, daß wir bereits über alle Zutaten verfügen, die wir für die Zubereitung des Großen Mahls benötigen. Wir brauchen nichts anderes zu tun, als in jedem Augenblick aus den vorhandenen Zutaten das Bestmögliche zu kochen. Wieviel oder wiewenig wir haben, ist unwichtig. Der Zen-Koch schaut sich einfach an, welche Zutaten da sind, und macht sich dann an die Arbeit.

Das Große Mahl meines eigenen Lebens hat viele überraschende Wendungen genommen. Ich bin in meinem Leben Flugzeugingenieur, Zen-Schüler und Zen-Lehrer gewesen. Ich bin auch als Unternehmer tätig gewesen und habe eine erfolgreiche Bäckerei aufgebaut. Als Ausdruck meines sozialen Engagements habe ich das Greyston Family Inn gegründet, eine Organisation, die obdachlosen Familien eine feste Wohnung anbietet und ihnen hilft, ihr Leben wieder in die eigenen Hände zu nehmen. Außerdem bin ich Mitbegründer eines Aids-Hospizes und eines Zentrums für den Austausch zwischen den Religionen.

Natürlich nimmt das Große Mahl für jeden von uns eine völlig andere Form an. Doch nach den Prinzipien des Zen-Kochs besteht es immer aus den gleichen fünf »Hauptgängen« oder Hauptaspekten des Lebens. Der erste Gang ist der Aspekt der Spiritualität, der zweite der des Studierens und Lernens, der dritte der des Broterwerbs – der Sorge um den eigenen Lebensunterhalt –, der vierte der des sozialen Engagements oder der gesellschaftlichen Veränderung, und im fünften und letzten Gang geht es um unsere Beziehungen zu anderen Menschen und zu dem Gemeinwesen, in dem wir leben.

Alle fünf Gänge sind wichtige Bestandteile des Großen Mahls. So wie wir verschiedene Arten von Nahrung zu uns nehmen müssen, damit unser Körper alle lebensnotwendigen Nährstoffe erhält, kann sich unser Leben nur dann wirklich zu voller Blüte entfalten, wenn es alle genannten fünf »Gänge« oder Aspekte des Lebens einbezieht.

Doch allein die Tatsache, daß all diese Gänge Teile unseres Mahls sind, reicht noch nicht aus. Sie müssen auch zur richtigen Zeit und in der richtigen Reihenfolge zubereitet werden.

Der erste Gang, die Spiritualität, bringt uns die Einheit allen Lebens zu Bewußtsein. Inmitten unserer nie endenden Geschäftigkeit schaffen wir einen Punkt der Stille. Ob wir beten, Musik hören, tanzen, spazierengehen oder Zeit allein verbringen, all dies bringt uns der Einheit allen Lebens näher oder erinnert uns an sie – an das, was der Buddha meinte, als er ausrief: »Wie wunderbar, wie wunderbar!«

Der zweite Gang ist der des Studierens und Lernens. Studium fördert unsere geistige Klarheit und Intelligenz. Gewöhnlich beschäftigen sich Menschen zuerst theoretisch mit einem bestimmten Bereich, bevor sie praktisch darin arbeiten. Ich hingegen verbinde das Studium lieber mit der praktischen Arbeit, ganz gleich, ob es um den Lebensunterhalt, um soziales Engagement oder um Spiritualität geht. Diese Verbindung von Theorie und Praxis verhindert, daß das Studium zu etwas völlig Abstraktem wird.

Wenn wir durch die Schulung unseres Geistes zu mehr Ruhe und Klarheit gekommen sind, können wir mit der Zubereitung des dritten Gangs beginnen, mit der Arbeit für die Sicherung des Lebensunterhalts. Dieser Gang ist die Grundlage unserer Existenz in der materiellen Welt. Es ist der Bereich des Berufslebens – das Fleisch und die Kartoffeln unseres Großen Mahls. Wir alle müssen uns um unser leibliches Wohl und um die Sicherung unseres Lebensunterhalts kümmern, ganz gleich, für wie »spirituell« wir uns halten.

Der vierte Gang, der des sozialen Engagements, erwächst auf natürliche Weise aus der Sorge um die eigene spirituelle Entwicklung und um die Sicherung des Lebensunterhalts. Die Sorge um unsere eigenen grundlegenden Bedürfnisse bringt uns auch die Nöte und Bedürfnisse der Menschen in unserer Umgebung stärker zu Bewußtsein. Wenn wir uns die Einheit allen Lebens vergegenwärtigt haben, wird uns auch unsere Verbundenheit mit anderen Menschen bewußter: Wir erkennen, daß wir nicht von ihnen getrennt sind.

Der letzte Gang unseres Mahls betrifft das Zusammenleben und das Gemeinwohl. Alle scheinbar getrennten Bereiche unseres Lebens werden durch diesen Gang zu einem rauschenden Festmahl zusammengefaßt: die Spiritualität, das Studieren und Lernen, die Sicherung des Lebensunterhalts und das soziale Engagement.

Alle fünf Gänge zusammen bilden das Große Mahl unseres Lebens. Doch ist die Arbeit nicht damit getan, daß wir jedem dieser fünf Aspekte gleich großen Raum geben. Wir alle brauchen zu bestimmten Zeiten unterschiedliche Zutaten und von diesen unterschiedliche Mengen.

Vielleicht ist für Sie im Augenblick die Sorge um Ihren Lebensunterhalt vorrangig, oder Ihre spirituelle Entwicklung steht für Sie im Vordergrund. Sie müssen Ihre Prioritäten immer wieder überprüfen. Indem man einfach gleiche Mengen Salz und Zucker zusammenschüttet, kann man niemals ein schmackhaftes Essen kochen. Wenn Ihr Leben zu einem köstlichen Mahl werden soll, müssen Sie sich immer wieder neu mit Ihrer persönlichen Situation beschäftigen und herausfinden, wieviel von den verfügbaren Zutaten Sie in jedem einzelnen Augenblick wirklich brauchen.

Auch gemalte Torten sind real

Das Große Mahl ist eine Metapher. Gewöhnlich heißt es, Metaphern seien mit der Realität, die sie beschreiben, nicht identisch. Man hört immer wieder den berühmten Satz: »Die Landkarte ist nicht das Gebiet.« Es gibt das Sprichwort: »Gemalte Torten kann man nicht essen.«

Das ist sicherlich zutreffend. Doch wie so oft ist auch dies nur die halbe Wahrheit, oder vielleicht sind es drei Viertel der Wahrheit. Dogen dringt tiefer in die Problematik ein, wenn er in seinem größten Werk, dem *Shobogenzo*, schreibt: »Auch gemalte Torten sind real.« Landkarten, Rezepte und Gebrauchsanweisungen bestehen aus realen Worten und Bildern, die uns reale Informationen über unser Leben und die Welt, in der wir leben, liefern. Eine Landkarte kann uns helfen, von einem Ort zu einem anderen zu gelangen; ein Rezept kann uns helfen, köstliches Brot zu backen; und Worte, die der Erfahrung entspringen und die aus dem Herzen kommen, können uns zu einem reicheren und umfassenderen Leben führen.

Dieses Buch ist meine »gemalte Torte«. Ich hoffe, daß es Ihnen helfen wird, die uralten, aber immer noch zeitgemäßen Prinzipien des Zen-Kochs zu entdecken und anzuwenden, auf daß Sie für sich selbst und für andere Menschen in jedem Augenblick das Große Mahl zubereiten können.

Der erste Gang

Rezepte für das spirituelle Leben

I

Wie man Zen-Koch wird

*E*rstmals bin ich mit dem Zen-Buddhismus in einem College-Kurs im Fach Religion in Kontakt gekommen. Wir lasen damals Huston Smith' Lehrbuch *The Religions of Man*, das dem Zen-Buddhismus nur eine einzige Seite widmet. Doch beim Lesen dieser einen Seite verspürte ich ein eigenartiges Gefühl von Vertrautheit. Damals gab es keine Zen-Lehrer oder Zen-Zentren in New York und, soviel ich wußte, auch nirgends sonst in Amerika. Also las ich sämtliche Bücher, die ich zum Thema Zen finden konnte, und das waren in jener Zeit vor allem die Bücher von Alan Watts und D. T. Suzuki.

1960 schloß ich mein Studium am Polytechnikum in Brooklyn mit einem Staatsexamen als Ingenieur für Flugzeugbau ab. Direkt nach der Abschlußfeier unterhielt ich mich mit einem Mitstudenten in einer Pizzeria darüber, was wir in unserem weiteren Leben vorhatten. Ohne lange nachzudenken, nannte ich drei Dinge, die ich tun wollte:

Erstens wollte ich in einem Kloster Zen studieren.

Zweitens wollte ich das Gemeinschaftsleben in einem Kibbuz kennenlernen.

Und drittens wollte ich als Obdachloser auf der Bowery leben.

Heute, dreißig Jahre später, habe ich alle drei Ziele verwirklicht, allerdings hätte ich mir damals nie träumen lassen, *wie* das vor sich gehen würde. Etwa ein Jahr nach dem Hochschulabschluß verbrachte ich tatsächlich ein Jahr in einem Kibbuz in Israel. Und ich habe auch in einem Kloster Zen studiert, wenn auch nicht in Japan, wie ich es mir damals in der Pizzeria wahrscheinlich vorgestellt hatte, sondern mitten in Los Angeles. Genaugenommen war es eher ein Zen-Zentrum als ein Kloster, obwohl wir dort ebenso intensiv meditiert haben wie die meisten Mönche in den meisten Klöstern. Und mittlerweile habe ich auch das letzte meiner drei Ziele verwirklicht, als Obdachloser auf der Bowery zu leben – wenn auch nur eine Woche lang im Rahmen meiner Vorbereitung auf die Arbeit mit Obdachlosen.

Damals wußte ich natürlich noch nicht, daß jene drei Wünsche, die ich vor mehr als dreißig Jahren so beiläufig und halb im Scherz in der Pizzeria ausgesprochen hatte, die Grundlage für mein eigenes Großes Mahl werden würden.

Das Kibbuz-Leben in Israel weckte in mir die Begeisterung für die Kräfte des Gemeinschafts- und Familienlebens. Auf dem Schiff, das mich nach Israel brachte, lernte ich meine erste Frau, Helen, kennen, die Tochter eines orthodoxen Rabbis, der gleichzeitig Geschäftsmann war. Nach meiner Rückkehr nach Amerika trat ich eine Stelle bei McDonnell-Douglas in Los Angeles an und betreute für diese Firma als Projektmanager die Vorbereitungen für die erste Landung eines Menschen auf dem Mars.

Meine Arbeit war interessant und befriedigte mich. Doch aus Gründen, die mir selbst nicht klar waren, wurde mein Interesse an Zen immer stärker. Da ich nicht einfach nach Japan reisen konnte – schließlich hatte ich meine Arbeit und mußte für meine Familie sorgen –, las ich Bücher, blieb bis spät in die Nacht auf, rauchte Zigarren und redete stundenlang mit gleichgesinnten Freunden über Zen und verwandte Themen. Dann entdeckte ich in meinem Wohnviertel, in dem viele Japaner wohnten, einen kleinen Zen-Tempel. Der Tempel hatte den Namen Zenshu-ji, und er gehörte zur Soto-Schule des Zen. Später erfuhr ich, daß Dogen diese Schule aufgrund seiner Begegnung mit dem Zen-Koch in China gegründet hatte.

Heute ist mir klar, daß ich schon damals dem ersten Prinzip des Zen-Kochs gefolgt bin: Ich arbeitete mit dem, was ich dort, wo ich war, vorfand.

Die Zen-Anleitung im Zenshu-ji war zu jener Zeit sehr einfach. Der Leiter des Tempels hielt einmal wöchentlich, am Sonntagmorgen, ein kleines *Zazenkai* ab, eine Zen-Meditationssitzung. Im Gegensatz zu den spätabendlichen Gesprächen und Diskussionen mit Freunden wurde hier nicht viel geredet. Wir »diskutierten« nicht über Zen, und wir analysierten und theoretisierten auch nicht, sondern praktizierten. Die Anleitung bestand hauptsächlich in Hinweisen zur richtigen Körperhaltung beim Sitzen. Wir saßen auf kleinen schwarzen Kissen, *Zafus* genannt, mit dem Gesicht zur Wand. Wir überkreuzten die Beine, so gut wir konnten, hielten den Rücken möglichst aufrecht, legten unsere Hände auf den Oberschenkeln ineinander, so daß die Daumen einander gerade eben berührten, und hielten die Augen halb geöffnet. Außerdem wurden wir dazu angehalten, uns auf den Atem zu konzentrieren und stumm immer wieder von eins bis zehn zu zählen. Wenn wir beim Zählen den Faden verloren oder über die Zehn hinauszählten (ich landete einmal bei hundert, bevor ich es merkte), sollten wir wieder bei eins beginnen. Die Übung war sehr einfach, aber ziemlich anstrengend. Sitz- und Geh-Meditationen wechselten sich ab.

Eines Tages kam ein junger Zen-Mönch, der ein wenig Englisch sprach, aus Japan nach Los Angeles. Sein Name war Taizan Maezumi. Später wurde er mein Roshi, mein Zen-Lehrer. Einmal fragte ich ihn nach dem Sitzen, was wir während der Geh-Meditation tun sollten. Er schaute mich an und sagte: »Wenn wir gehen, gehen wir einfach.«

Ein paar Monate später nahm ich an einem Meditationswochenende mit Yasutani Roshi teil, einem japanischen Zen-Meister, der in Amerika zu Besuch war. Yasutani Roshi gab jedem von uns ein *Koan*, über das wir meditieren sollten. Wir suchten ihn dreimal täglich in einem kleinen Raum auf, um ihm unsere Antwort auf das Koan mitzuteilen. Der junge Mönch übersetzte für ihn. Nach dem Wochenende fragte ich den jungen Mönch, ob ich bei ihm studieren könnte. Er sagte, er selbst habe seine Studien noch nicht abgeschlossen, aber ich solle mit dem Sitzen fortfahren.

Später gründete dieser junge Mönch ein Zen-Zentrum in einem kleinen Haus im Stadtzentrum von Los Angeles, und von diesem Zeitpunkt an meditierte ich regelmäßig dort. Ich hatte mir damals angewöhnt, sehr früh aufzustehen und zu meditieren, bevor ich zusammen mit Kollegen zur Arbeit bei McDonnell-Douglas fuhr. Nach der Arbeit kehrte ich zu meinem Haus in der Nähe des Zen-Zentrums zurück und nahm dort an der abendlichen Sitzperiode teil. So oft es mir möglich war, nahm ich mir ein paar Tage Zeit für längere Meditationsperioden.

Hungrige Geister

Meditation war das Herz unserer Praxis. Doch umfaßten unsere Übungen auch Rezitationen und Verbeugungen. Während längerer Meditationsperioden, sogenannter *Retreats*, nahmen wir unsere Mahlzeiten im

Zendo – der Meditationshalle – ein. So wurde auch das Essen in unsere Meditationsübung einbezogen. Bevor wir selbst aßen, opferten wir einen Teil der Speisen dem Buddha, der Lehre und der Gemeinschaft. Und nach jeder Mahlzeit opferten wir die Reste den hungrigen Geistern.

Im Buddhismus werden die hungrigen Geister als bedauernswerte Kreaturen mit riesigen, angeschwollenen Bäuchen und spindeldürren Hälsen dargestellt. Obgleich sie von Essen in Hülle und Fülle umgeben sind, werden ihr Hunger und Durst niemals gestillt, weil sie immer nur winzige Mengen Nahrung zu sich nehmen können. Ihre Hälse sind spindeldürr, weil sie derart in ihrer Konditionierung gefangen sind, daß sie die Nahrung, die sie vor sich haben, nicht als solche wahrnehmen und annehmen können.

Im Grunde sind wir alle hungrige Geister. Es ist eine Metapher für den Teil von uns, der ständig unzufrieden ist. Aufgrund unserer Neigung zum Festhalten an Dingen und aufgrund unserer Konditionierung, die auf alten Gewohnheiten beruht, können wir oft die Speisen und Getränke, die sich direkt vor uns befinden, weder erkennen noch genießen. Alles, was wir zur Zubereitung eines reichhaltigen und befriedigenden Mahls benötigen, steht uns jederzeit zur Verfügung und ist für uns erreichbar. Doch wir können das uns Angebotene nicht annehmen und versteifen uns darauf, daß wir das nicht tun können, was wir unserer Meinung nach eigentlich tun müßten. Deshalb halten wir unablässig nach den Dingen Ausschau, die wir nicht haben. Wir können nicht einfach sagen: »Jetzt nehmen wir alles, was wir haben, und bereiten daraus einen köstlichen Festschmaus.« Wir können es nicht, weil wir ständig danach schielen, ob sich hinter dem, was sich direkt vor unseren Augen befindet, noch etwas anderes verbirgt – eine allzu menschliche Gewohnheit.

Hungrige Geister manifestieren sich auf viele verschiedene Weisen. Ich selbst habe den ungeheuren Hunger, unter dem wir alle leiden, eines Morgens während einer Gemeinschaftsfahrt mit Kollegen zur Arbeit erfahren. Ich hatte frühmorgens intensiv meditiert, als mir plötzlich die Allgegenwart des Hungers zu Bewußtsein kam. Ich spürte diesen großen Hunger überall. Ich sah plötzlich, daß in unserer Gesellschaft ungeheuer viele Menschen physischen Hunger leiden, obwohl eigentlich genügend Nahrung für alle vorhanden ist. Ich sah auch, daß einige Menschen zwar mehr als genug zu essen haben, aber nach Macht hungern. Und ich sah den großen Hunger und Durst nach Anerkennung und Ruhm, unter dem einige von uns leiden. Wieder andere sah ich nach Liebe hungern. Und ich sah die spirituell Suchenden, natürlich auch die Zen-Schüler, die nach Erleuchtung hungern.

Als ich mir dieses allgemeine große Hungern und Dürsten vor Augen führte, gelobte ich, allen hungrigen Geistern in den zehn Richtungen das Große Mahl anzubieten. Dies wollte ich zu meiner Lebensaufgabe machen.

Diese Zielsetzung ist das Gelübde des Zen-Kochs. Im Zen bedeutet ein Gelübde nicht, daß man ein Versprechen gibt und sich dann später schlecht oder schuldig fühlen muß, weil man es nicht halten kann. Vielmehr ist ein Gelübde im Zen eine Bekräftigung der *Absicht*, etwas Bestimmtes zu tun.

Viele Menschen glauben, daß das, was sie anzubieten haben, ihr Mahl, begrenzt ist, weil sie nur über begrenzte Zutaten verfügen – ob es sich nun um Nahrung, Geld, Zeit, Talent, Intelligenz oder Energie handelt. Doch gelten für Gelübde weder räumliche noch zeitliche Einschränkungen. Wir können unseren Gelübden einen so kleinen oder einen so großen Rahmen geben, wie wir wollen. Wir können geloben, daß wir *einem* Menschen etwas zu essen geben oder daß wir Hunderte oder gar Tausende speisen werden. Wir können geloben, daß wir einem einzigen Obdachlosen eine Unterkunft verschaffen werden, wir können dieses Gelübde aber auch auf Hunderte oder Tausende von Familien ausweiten. Wir können sogar geloben, daß wir den Hunger oder die Obdachlosigkeit völlig beseitigen werden. Das einzige, was unser Gelübde einschränken kann, ist unsere eigene Vorstellungskraft.

Trotz dieser prinzipiellen Grenzenlosigkeit hat ein Gelübde eine sehr praktische Funktion: Es gleicht einem Kompaß, der uns die Richtung anzeigt, in die wir gehen wollen, und der uns auf dem gewünschten Kurs hält. Doch reicht ein Gelübde allein noch nicht aus. Es ist nichts weiter als der Ausdruck einer Möglichkeit, eines Potentials, vergleichbar mit der Funktion von Hefe oder Backferment. Wenn wir unserem Gelübde in der Welt Gestalt geben wollen, wenn wir einen richtigen Brotlaib backen wollen, einen, den wir selbst essen oder anderen anbieten können, müssen wir Mehl und Wasser hinzugeben und beides vermengen und zusammenkneten: Wir müssen unserem Gelübde Entschlossenheit hinzufügen.

Entschlossenheit gibt unserer Vision Leben und Kraft. Erst dann kommt der Brotlaib, den wir uns zunächst nur vorgestellt hatten, irgendwann tatsächlich aus dem Ofen, und wir können ihn essen.

Köche kochen

Das Zen-Zentrum wurde allmählich größer, und ich widmete mich immer intensiver meiner Zen-Praxis. Ich arbeitete an Hunderten verschiedener *Koans*, sowohl mit meinem Lehrer als auch mit dessen Lehrern, die von Zeit zu Zeit aus Japan kamen, um längere Meditationsperioden zu leiten. Und je mehr Fortschritte ich in meiner eigenen Praxis machte, um so mehr Verantwortung übertrug man mir. Schließlich gab ich meinen Beruf auf und wurde Zen-Mönch. 1976 machte mich mein Lehrer zu seinem ersten Dharma-Erben. Dabei hielt er sich an die traditionellen Regeln, und das bedeutete, daß ich nach Japan reisen und dort eine Nacht lang als Abt die Leitung der beiden Hauptklöster der Soto-Schule übernehmen mußte. Seither bin ich in Japan offiziell als Zen-Lehrer registriert.

Nach meiner Rückkehr aus Japan fing ich an, unter den wachsamen Augen meines Lehrers selbst Zen-Retreats zu leiten. Außerdem arbeitete ich an der Verwirklichung einiger Projekte mit. Beispielsweise eröffneten wir eine ambulante Klinik für die ethnisch sehr gemischte Bevölkerung unseres Viertels, und wir gründeten einen Verlag, in dem wir Zen-Literatur veröffentlichen wollten. Und schließlich gründeten wir ein Unternehmen für Maler- und Gartenarbeiten und kauften und restaurierten ein Mietshaus in einem angrenzenden Häuserblock.

Diejenigen, die glauben, Zen oder Spiritualität im allgemeinen bedeute, daß man sich aus dem aktiven Leben in die Passivität zurückziehen müsse, wird es wahrscheinlich überraschen, daß unsere Zen-Gemeinschaft derart konkreten und »weltlichen« Beschäftigungen nachging. Doch ist es eigentlich logisch, daß die Einsicht und der Gleichmut, die das Ergebnis der spirituellen Praxis sein können, uns für die Probleme unserer Mitmenschen die Augen öffnen und uns zu einer immer effektiveren und nutzbringenderen Gestaltung unseres Lebens anspornen.

Im Jahr 1979 kehrte ich nach New York zurück, um

dort mit meiner Frau, meiner Familie und einigen Schülern eine Zen-Gemeinschaft aufzubauen. Wir hatten so gut wie kein Geld, doch unsere Vision war von Anfang an sehr groß – geradezu gewaltig.

Mir war klar, daß die Gemeinschaft, die wir aufbauen wollten, alle »Hauptgänge« des Lebens berücksichtigen und integrieren mußte. Wir begannen mit dem ersten Gang, der Spiritualität. Die Zen-Übung war unser spiritueller Prüfstein.

Dann folgte der dritte Gang, die Sicherung des Lebensunterhalts. Wir wollten unsere Arbeit so gestalten, daß nicht nur wir selbst, sondern auch andere davon profitierten. Und wir wollten uns in unserer Umgebung sozial engagieren und durch unser Engagement das Leben derjenigen, denen wir halfen, wirklich transformieren.

Es ging aber nicht nur um die Gründung eines Unternehmens, in dem ein paar Zen-Studenten arbeiten konnten, so daß der Lebensunterhalt unserer kleinen Gemeinschaft gesichert war. Vielmehr schwebte uns ein Betrieb vor, in dem auch Außenstehende arbeiten und eine Ausbildung erhalten würden. Darüber hinaus sollte das Unternehmen sich für positive soziale Veränderungen einsetzen und die spirituelle Entwicklung im weitesten Sinn fördern.

Auch für den vierten Gang, den des sozialen Engagements, hatten wir große Pläne. Wir wollten nicht nur ein paar Leuten etwas zu essen geben, sondern das Problem der Obdachlosigkeit generell lösen – zuerst in

Yonkers, dort, wo wir lebten und arbeiteten, und dann in ganz Amerika. Ein paar Jahre nach ihrem Umzug nach New York gründete unsere Zen-Gemeinschaft das Greyston Family Inn und kaufte ein leerstehendes Mietshaus an der Warburton Avenue 68. Nach zwei Jahren hatten die Greyston-Builders, eine Renovierungsfirma, in der Angehörige ethnischer Minderheiten arbeiteten, das Gebäude an der Warburton Avenue wieder bewohnbar gemacht. Achtzehn Familien zogen in das Haus ein – in ihre eigenen Wohnungen – und wurden durch Beratungen, Fortbildungskurse und Job-Training auf ein unabhängiges Leben vorbereitet. Mittlerweile haben wir mit der Renovierung von zwei weiteren Mietshäusern begonnen.

All diese Projekte sind für mich Meilensteine auf dem Weg zur Erfüllung meines Gelübdes, allen Wesen das Große Mahl anzubieten.

»Realistisch« betrachtet, ist es natürlich letztlich unmöglich, ein solches Gelübde zu erfüllen. Es gibt einfach zu viele hungrige Geister mit zu vielen unbefriedigten Bedürfnissen auf dieser Welt. Niemand kann den ungeheuren Hunger all dieser Menschen stillen. Doch der Zen-Koch versucht nicht, dieses Mahl ganz allein zu kochen. Der Zen-Koch »kocht« immer auch andere Köche, die ihrerseits weitere Köche »kochen«. So wird die Zahl der Köche immer größer, und ein einzelner Mensch kann eine ungeheure Wirkung erzielen, so daß ein einfaches Essen zu einem riesigen Festmahl wird.

2

Wie man kocht

Als Dogen den Zen-Koch aus dem chinesischen Tempel fragte, warum nicht andere für ihn die Pilze in der Sonne trocknen könnten, antwortete dieser: »Ich bin nicht andere.« Auch wir müssen erkennen, daß dieses Leben das einzige ist, das wir haben. Es ist *unser* Leben, und wir haben es *jetzt.* Wenn wir unser Großes Mahl nicht kochen, vergeuden wir unsere Zeit. »Halte die Augen offen«, rät Dogen. »Wasche den Reis sorgfältig, gib ihn in einen Topf, zünde das Feuer an und koche ihn. Ein altes Sprichwort lautet: ›Sieh den Topf als deinen eigenen Kopf an und das Wasser als dein eigenes Blut.‹«

Wenn wir mit einer solchen Aufmerksamkeit kochen – und leben –, offenbaren sich uns die gewöhnlichsten Handlungen und die bescheidensten Zutaten als das, was sie tatsächlich sind. »Behandle jedes einzelne Blatt Gemüse so, daß es den Körper des Buddha manifestiert«, sagt Dogen. »Dann kann der Buddha sich durch das Blatt manifestieren.«

Transformation

Beim Kochen geht es ebenso wie im Leben um Transformation. Wir arbeiten dabei direkt mit den Elementarkräften Feuer und Hitze, Wasser, Metall und Ton. Wir verschließen den Topf mit dem Deckel und warten dann darauf, daß das Feuer den Reis verwandelt, oder wir vermischen Mehl mit Hefe und lassen den Teig im Ofen zu Brot werden. All dem haftet etwas Geheimnisvolles, fast Magisches an.

Diese Art der Transformation erfordert ein gewisses Vertrauen. Wir arbeiten intensiv an der Zubereitung der Speisen. Wir waschen den Reis, kneten den Teig und schlagen die Eier auf. Wir messen die Zutaten sorgfältig ab. Wir mischen und verrühren sie. Doch dann kommt die Zeit des Wartens. Feuer und Wasser verwandeln, was wir vorbereitet haben.

Dennoch müssen wir die Vorgänge im Auge behalten, sie bewußt verfolgen. Für einen Zen-Koch ist das alte Sprichwort: »Wenn man immer wieder in den Topf guckt, fängt es niemals an zu kochen«, nur zum Teil wahr. Zwar lassen wir die meiste Zeit den Deckel auf dem Topf, doch entfernen wir ihn hin und wieder, um den Geschmack der Speise zu prüfen.

Der Zen-Koch folgt dem mittleren Weg, indem er zwar einerseits darauf vertraut, daß die Suppe gut geraten wird, aber trotzdem von Zeit zu Zeit das Ergebnis überprüft.

Vollendete Köche gleichen Alchimisten. Sie können Gifte in Tugenden umwandeln.

Dies erreicht der Zen-Koch nicht durch Hinzufügen einer geheimen Zutat, sondern indem er etwas wegläßt: das Haften am Ich – an der Ansammlung von Eigenschaften, mit denen wir uns identifizieren.

Beispielsweise wirkt Wut giftig, wenn sie eigennützigen Motiven entspringt. Löst man jedoch die Identifikation mit der Wut (»Ich *bin* wütend«) auf, so wird das Gefühl Wut zur Energie absoluter Entschlossenheit, also zu einer zweifellos sehr positiven Kraft. Lösen wir die Identifikation mit der Gier auf, so verwandelt sie sich in das Bedürfnis, anderen zu helfen. Lösen wir die Identifikation mit der Ignoranz auf, so wird daraus ein Zustand des Nichtwissens, aus dem Neues entstehen kann.

Zutaten

Wie finden wir die notwendigen Zutaten? Dazu brauchen wir nur unsere Augen zu öffnen und uns umzuschauen. Wir nehmen, was uns zur Verfügung steht und was sich direkt vor unseren Augen befindet, und machen daraus das Bestmögliche. Wir nutzen in jedem Augenblick, was wir haben.

Unser Körper ist eine Zutat, die wir benutzen können. Unsere Beziehungen sind ebenfalls Zutaten, genauso wie unsere Gedanken, unsere Gefühle und all unsere Handlungen.

Der Ort, an dem wir leben, die Blätter, die fallen, der Dunstschleier um den Mond, der Verkehr auf den Straßen, der Markt an der Ecke – all dies sind Zutaten. Um diese Zutaten zu sehen, müssen wir unsere Augen öffnen. Gewöhnlich schaffen wir selbst unsere Grenzen, unsere eigene kleine Sicht der Dinge. Wir stecken unser Territorium ab und sehen dann nicht mehr, was sich außerhalb dieser selbst geschaffenen Grenzen befindet. Doch durch die Übung erweitern wir unser Territorium und nutzen alles als Zutat.

Wenn wir lernen, uns selbst als die Welt zu sehen, wenn wir uns die Einheit allen Lebens vergegenwärtigen, können wir die ganze Welt nutzen. Entwickelt der Zen-Koch diese Sichtweise, so wird für ihn jeder Aspekt des Lebens zu einer Zutat des Großen Mahls.

Alles nutzen

Wenn wir meinen, bestimmte Zutaten, die wir haben, könnten das Essen verderben, wollen wir sie vielleicht instinktiv nicht verwenden. Am liebsten würden wir sie wegwerfen oder sie vielleicht wieder aufs Regal zurückstellen, außer Sichtweite und hinter anderen Dingen versteckt. Doch Dogen rät uns, wir sollten Zutaten, von denen wir fürchten, sie könnten das Essen verderben, nicht wegwerfen, sondern nach einer Möglichkeit suchen, wie sie unser Mahl doch noch bereichern.

Wenn etwas für den Hauptgang ungeeignet zu sein

scheint, können wir es vielleicht in der Vorspeise oder im Dessert verwenden. Sagen Sie nicht einfach: »Ich mag das nicht; deshalb lasse ich es weg.« Denn damit würden Sie die Existenz dieser Zutat leugnen. Ob sie Ihnen gefällt oder nicht, sie ist nun einmal da.

Nehmen wir an, Sie wollten zusammen mit anderen Menschen ein Unternehmen aufbauen. Als erstes würden die Gruppenmitglieder dann vielleicht eine Liste all ihrer Fertigkeiten und Fähigkeiten zusammenstellen. Es kann später problematisch werden, wenn Sie die Fähigkeiten eines bestimmten Gruppenmitglieds nicht nutzen, denn sie sind ein wichtiges Element der Persönlichkeit des Betreffenden, der sich langfristig über die mangelnde Beachtung ärgern, sich langweilen oder irgendwann auf die anderen eifersüchtig werden wird. Durch nicht genutzte Fähigkeiten einzelner Mitglieder kann ein Team von innen verfaulen.

Nehmen wir an, jemand ist aggressiv. Diese Energie ist für gewisse schwierige Aufgaben sehr vorteilhaft – beispielsweise im Umgang mit autoritären Bürokraten. Oder jemand ist so detailbesessen, daß er keinen Blick für den größeren Zusammenhang hat. Einen solchen Menschen würde man wohl kaum an der Entwicklung eines Fünf-Jahres-Plans mitarbeiten lassen, aber als Buchhalter, der penibel über die täglichen Einnahmen und Ausgaben wacht, kann er ausgezeichnete Dienste leisten.

Manchmal meinen wir vielleicht, wir könnten die speziellen Fähigkeiten eines bestimmten Menschen nicht nutzen, weil das unserem Ziel schaden würde. In solchen Fällen sollten wir uns klar dafür entscheiden, daß wir bei dem Mahl, das wir gerade kochen, auf den spezifischen Beitrag dieser Person bewußt verzichten. Das ist etwas völlig anderes, als die betreffende Zutat einfach zu leugnen oder zu ignorieren. Wir sehen sie so, wie sie ist, wir sind uns ihrer bewußt, und vielleicht werden wir sie in einem anderen Zusammenhang verwenden, wo sie sich als überaus nützlich erweisen kann. Aber wir beschließen ganz klar, daß wir sie im Augenblick nicht nutzen wollen.

Nichts ablehnen

Wir alle neigen dazu, bestimmte Menschen oder Dinge abzulehnen.

Als wir uns an der Ostküste der USA niederließen, betrieben wir vor der Gründung der Bäckerei in Yonkers zunächst ein Restaurant im exklusiven Riverdale Yacht Club. Einige Zen-Schüler meinten damals, die Zubereitung von Gourmet-Speisen und der perfekte Service in einem luxuriösen Restaurant entspreche nicht dem traditionellen *Samu*, der Arbeitspraxis, so wie beispielsweise die Arbeit im Klostergarten oder das Holzhacken. Viele Mitglieder unseres Zentrums sagten: »Wie könnt ihr die Reichen bedienen? Meint ihr wirklich, die Mitglieder einer Zen-Gemeinschaft sollten ihren Lebensunterhalt auf diese Weise verdienen?«

Ablehnung kann viele Formen annehmen. Wir sollten nicht die Reichen meiden, weil wir meinen, es sei edler oder »spiritueller«, für Arme zu arbeiten. Ein Zen-Schüler, der Reiche ablehnt, leidet unter dem gleichen Problem wie ein Reicher, der den Zen-Schüler ablehnt. Wenn Sie sich mit dem auseinandersetzen, was Sie ablehnen, werden Sie erkennen, daß Sie damit letztlich etwas in sich selbst ablehnen. Wenn ich beispielsweise lerne, für einen Reichen zu arbeiten, den ich zuvor abgelehnt habe, so gibt mir dies die Möglichkeit, mich mit meinem eigenen inneren Reichtum zu beschäftigen statt immer nur meine eigene innere Armut zu sehen.

Das gleiche Prinzip gilt auch für Unternehmer, die ihren Konkurrenten gegenüber negativ eingestellt sind, oder für sozial engagierte Menschen, die um keinen Preis mit der Regierung zusammenarbeiten wollen. Wenn wir uns bewußt mit Dingen auseinandersetzen, die wir aus langer Gewohnheit ablehnen, so wirkt sich dies auf unser inneres Wachstum und auf unsere Entwicklung sehr positiv aus. Versuchen Sie, zu Menschen, die Sie selbst ablehnen oder die Ihnen ablehnend gegenüberstehen, Kontakt aufzunehmen. Versuchen Sie, die Welt mit den Augen Ihrer Kontrahenten zu sehen. Das ist der notwendige erste Schritt, wenn Sie einen Feind zum Freund oder gar zum Verbündeten machen wollen.

Als wir Greyston Inn gründeten, sagte Jack Meehan, der Präsident einer großen privaten Stiftung, zu mir:

»Haltet die Regierung aus der Sache heraus. Besorgt euch Geld aus privaten Quellen. Nur so bewahrt ihr eure Freiheit.« Doch für mich waren auch die Gelder, die die Regierung für Projekte zur Verfügung stellte, eine der verfügbaren Zutaten. Selbst auf die Gefahr hin, daß Regierungsstellen unsere Arbeit behindern konnten, mußte ich lernen, sie in die Zubereitung des Großen Mahls einzubeziehen.

Einige Wohlmeinende rieten mir: »Haltet die Politiker aus der Sache heraus. Sie verderben alles.« Doch für mich gehörten auch die Politiker zu den verfügbaren Zutaten. Ich hatte mir vorgenommen, auch sie in die Zubereitung meines Großen Mahls einzubeziehen, so unangenehm und schwierig dies auch werden mochte.

Ich versuche nicht, die Zutaten zu verändern, indem ich mich beispielsweise bemühe, Konservative in Liberale oder Liberale in Konservative zu verwandeln. Dogen sagt, daß sich bei jedem Mahl die sechs Geschmäcke in Harmonie befinden sollten – bitter, sauer, süß, scharf, salzig und neutral. Keiner dieser Geschmäcke ist besser oder wichtiger als die übrigen. Jede Zutat hat einen anderen Geschmack und ist aus einem anderen Grund Bestandteil des Mahls. Alle sind wichtig.

Zuviel Zen

Die meisten Menschen machen sich Sorgen darüber, daß sie von einer bestimmten Zutat *nicht genug* haben könnten. Der Zen-Koch ist sich auch der Gefahr bewußt, daß er von etwas *zuviel* haben kann. Das ist eine der größten Gefahren überhaupt. Durch zu reichliche Verwendung einer guten Zutat kann man ein Essen leicht verderben.

Wenn Zen-Köche zuviel Wert auf die Zutat Spiritualität legen, entwickeln sie manchmal die Angst, sich die Hände schmutzig zu machen. Das kann so weit gehen, daß sie nie mehr ein Ei aufschlagen oder Gemüse schneiden. Köchen, die sich zu stark mit der Zutat Spiritualität beschäftigen, erscheint unsere alltägliche Existenz als Illusion ohne jede tiefere Bedeutung. Sie schweben derart über den Dingen, daß das Mahl entweder nie zustande kommt oder laff schmeckt und nicht nahrhaft ist.

Von Menschen, die den spirituellen Aspekt in ihrem Leben unverhältnismäßig stark betonen, sagt man, ihnen hafte »der Gestank der Erleuchtung« an. Es ist ungeheuer wichtig, daß wir aus dem spirituellen Bereich immer wieder in die gewöhnliche Welt zurückkehren und darin arbeiten.

Würze

Jeder Koch hat einen anderen Geschmack. Der eine bevorzugt milde Speisen, ein anderer kocht lieber mit viel Würze. Ich persönlich liebe stark gewürzte Speisen. Ich fühle mich nicht wohl, wenn ich kein Risiko eingehe.

Ich bevorzuge Risiken, die man eingehen muß, wenn man neuartige, zur Erleuchtung des Ganzen führende Perspektiven entwickeln will. Es sind die Risiken, die jene Menschen eingehen, die der Unternehmer Bob Schwartz als »Agenten der Veränderung« bezeichnet. Habe ich etwas gesät, so möchte ich mich auch um das weitere Wachstum meiner Saat kümmern. Dabei ist es für mich nebensächlich, ob ich das Ziel, das ich ins Auge gefaßt habe, überhaupt erreichen *kann*.

Köche, die ein Gefühl für das Gewürz des Risikos entwickelt haben, haben keine Angst vor Fehlschlägen. Andere Menschen glauben, sie hätten versagt, wenn sich etwas nicht ihren Erwartungen entsprechend entwickelt. Doch die meisten Dinge entwickeln sich nun einmal nicht so, wie wir es gern hätten.

Damit meine ich nicht, daß wir erst gar nicht versuchen sollten, unsere Vorstellungen oder Hoffnungen zu verwirklichen. Nur können wir nicht *erwarten*, daß sie sich auch tatsächlich unseren Vorstellungen entsprechend entwickeln werden. Wir müssen die Situation immer wieder neu überprüfen. Vielleicht entwickeln sich die Dinge anders, als wir gehofft hatten, weil die Zeit für unsere Vision noch nicht reif ist. Vielleicht haben nicht die richtigen Leute zusammengearbeitet, oder die Umstände waren ungünstig. Vielleicht wird es erst in fünfzig oder hundert Jahren möglich sein, unsere Ideen zu verwirklichen. Die Welt entwickelt sich grundsätzlich nach ihrer eigenen Logik.

3

Die Küche zu reinigen bedeutet, den Geist zu reinigen

*I*n jedem Augenblick ist alles da, was wir brauchen, um mit der Arbeit zu beginnen.

Wenn wir etwas Neues anfangen – ob wir nun ein Unternehmen oder eine neue Beziehung aufbauen oder unser ganzes Leben neu gestalten wollen –, sind wir gewöhnlich in Eile. Wir möchten möglichst sofort etwas tun – einfach irgend etwas. Dem Zen-Koch ist klar, daß er nicht kochen kann, wenn in der Küche noch das schmutzige Geschirr vom Vorabend herumsteht. Wenn wir feststellen wollen, welche Zutaten wir zur Verfügung haben, müssen wir zunächst Ordnung schaffen. Dogen rät: »Reinige die Eßstäbchen, die Suppenlöffel und alle übrigen Gerätschaften. Behandle sie alle mit der gleichen Sorgfalt und dem gleichen Gewahrsein, und stelle alles wieder an seinen Platz zurück.«

Wir beginnen unsere Arbeit also stets mit einer Reinigung. Selbst wenn die Küche sauber wirkt, müssen wir sie säubern, bevor wir darin kochen, so wie wir auch ein Glas, das wir aus dem Schrank nehmen, mit einem Tuch polieren, bevor wir es einem Gast geben.

Der Vorgang des Reinigens verändert den Koch ebenso wie die Räume, die gereinigt werden, und die Menschen, die in diese Räume kommen – das gilt für eine Meditationshalle wie für ein Wohnzimmer, eine Küche und ein Büro. Deshalb spielen in Zen-Klöstern Reinigungsarbeiten eine so wichtige Rolle. Dabei ist unwichtig, ob etwas unserer Meinung nach schmutzig oder sauber ist. Wir reinigen einfach alles.

Beim Saubermachen stellen wir auch fest, welche Zutaten vorhanden sind. Bevor wir die Regale abwischen können, müssen wir die Vorratsgläser herausnehmen, und dabei sehen wir, welche leer, welche fast leer und welche voll sind. Außerdem werden wir uns bei dieser Bestandsaufnahme darüber klar, was wir nicht brauchen, wovon wir zuviel haben, was verdorben ist und was wir wegwerfen müssen.

Weil wir es natürlich nie schaffen, alles wirklich absolut sauber zu machen, wird das, was zurückbleibt, zu einem Bestandteil des nächsten Mahls. Wenn beispielsweise ein Glas nicht völlig sauber wird, werden unsere nächsten Handlungen durch den zurückgebliebenen Schmutz beeinflußt. Deshalb bemühen wir uns darum, daß alles, was wir neu beginnen, so »sauber« und frei von Einflüssen der Vergangenheit wie nur möglich ist.

In unserem Leben ist es genauso. So wie wir beim Kochen zuerst die Küche aufräumen und reinigen, sollten wir uns auch bemühen, am Anfang eines Tages in unserem Geist Klarheit zu schaffen. Im Zen-Buddhismus reinigen wir den Geist durch Meditation, durch *Zazen*, was wörtlich übersetzt »nur sitzen« bedeutet.

Für mich ist *Zazen* eine Aktivität wie Schlafen, Essen, Trinken und der Gang zur Toilette: Wenn ich mich um diese naturgegebenen Notwendigkeiten nicht kümmere, leide ich sehr bald unter den unangenehmen Folgen dieser Versäumnisse. Wenn ich beispielsweise nicht esse, werde ich hungrig, und wenn ich nicht schlafe, fühle ich mich müde. Ebenso läßt meine innere Stabilität nach, wenn ich die Sitzmeditation vernachlässige, und ich fühle mich dann nicht mehr zentriert.

Wir üben nicht, um Erleuchtung zu erlangen, ebensowenig wie wir essen oder atmen, um lebendig zu sein. Weil wir lebendig *sind*, atmen wir. Und weil wir erleuchtet *sind*, üben wir *Zazen*. Dogen bezeichnet *Zazen* als einen Ausdruck des erleuchteten Zustands. Wir üben und erkennen alles, was wir tun, als einen Ausdruck des erleuchteten Zustands.

Die Zutaten dafür sind sehr einfach:

Ein Raum, in dem Sie meditieren können,
ein Sitzkissen oder ein Stuhl
und Ihr Körper und Geist.

Wählen Sie eine Tageszeit, zu der Sie aller Wahrschein-
lichkeit nach nicht gestört werden – beispielsweise
den frühen Morgen, bevor die meisten Menschen aufstehen.

Suchen Sie sich einen ruhigen Platz, nicht zu dunkel
und nicht zu hell, an dem Sie ungestört sind. Wenn nö-
tig, schließen Sie die Tür ab.

Gestalten Sie den Raum so ästhetisch wie möglich. Je
nach Geschmack können Sie ein inspirierendes Bild,
eine Statue oder ein Naturobjekt (beispielsweise einen
schönen Stein oder Blumen) aufstellen. Sie können
auch Kerzen und Weihrauch verwenden.

Tragen Sie bequeme, lockere Kleidung.

Setzen Sie sich in entspannter Haltung hin. Der Rük-
ken sollte gerade, jedoch nicht angespannt sein. Leh-
nen Sie sich nicht an der Wand oder an der Rücken-
lehne des Stuhls an.

Legen Sie die rechte Hand mit der Handfläche nach
oben auf die Oberschenkel und die linke Hand mit der
Handfläche nach oben auf die rechte. Dabei berühren
die beiden Daumen einander leicht. Diese Haltung, die
»kosmische Mudra« genannt wird, wirkt beruhigend
auf den Geist.

Falls Sie auf einem Stuhl sitzen, stellen Sie die Füße

flach auf den Boden. Dabei sollten die Knie ungefähr 20 Zentimeter voneinander entfernt sein.

Sitzen Sie auf einem Kissen (oder auf einer zusammengefalteten Decke), so regulieren Sie die Höhe der Sitzunterlage so, daß beide Knie fest auf dem Boden aufliegen. Das gleichschenklige Dreieck, das so entsteht, stützt sowohl Ihre Rückenmuskulatur als auch Ihre Wirbelsäule.

Lassen Sie Ihre Augen, halb geschlossen beziehungsweise halb offen und entspannt, auf einem Punkt auf dem Boden ruhen, der ungefähr einen Meter weit von Ihnen entfernt ist. So entspannen sich Ihre Augenmuskeln, und Ihr Geist bleibt wach.

Die Zungenspitze liegt unmittelbar hinter der oberen Zahnreihe am Gaumen an, der Mund ist geschlossen, und Sie atmen durch die Nase.

Konzentrieren Sie sich auf die Atmung, indem Sie das Ein- und Ausatmen verfolgen. Zählen Sie innerlich beim Einatmen »eins«, beim Ausatmen »zwei« und auf diese Weise weiter bis zehn.

Tauchen Gedanken auf, so lassen Sie sie einfach kommen und gehen. Konzentrieren Sie sich auf das Zählen. Wenn Sie merken, daß Ihre Gedanken abgeschweift sind und Sie deshalb beim Zählen den Faden verloren haben, so richten Sie die Aufmerksamkeit sanft zurück auf das Zählen und fangen wieder von vorn an.

Setzen Sie diese Übung mindestens zwei und höchstens dreißig Minuten lang fort, und wiederholen Sie sie mindestens eine Woche lang täglich.

Den See beruhigen

Wenn ich über *Zazen* spreche, benutze ich gern die Metapher des Mondes, der sich im See spiegelt. Unsere Gedanken und Gefühle gleichen den großen und kleinen Wellen, die die Spiegelung des Mondes auf der Oberfläche des Sees trüben, so daß wir ihn nicht mehr erkennen können. Natürlich ist der Mond auch da, wenn wir ihn *nicht* sehen, und es ist auch wichtig, daß wir die Wellen sehen. Dennoch müssen wir den Mond klar sehen können, um zu wissen, daß er da ist. Wenn sich in der Meditation die größeren und kleineren Wellen unserer Gedanken und Emotionen beruhigen, ist das so, als hätten wir den See beruhigt und als sähen wir den Mond ganz klar.

Ein Ort der Stille für alle

Als wir nach New York umzogen, um dort unsere Gemeinschaft zu gründen, richteten wir als erstes einen Meditationsraum ein. In diesem Raum sollte sich jeder zu Hause fühlen, denn unsere Gemeinschaft sollte nicht auf Buddhisten beschränkt bleiben. Deshalb stellten wir keine Buddhastatuen oder andere buddhistischen Bildnisse darin auf, sondern ließen den Raum leer. Er sollte einfach ein Ort sein, wo man Stille erfahren konnte. Wir hofften, daß sich Christen, Juden, Moslems, Hindus und Atheisten ebenso wohl darin fühlen würden wie Buddhisten und daß alle ihn gern aufsuchen würden, um zu meditieren, zu beten oder auf eine andere Weise Stille zu erfahren.

Natürlich war das nicht so leicht, wie wir geglaubt hatten. Da wir irgendwelche Sitzgelegenheiten bereitstellen mußten, entschieden wir uns für die schwarzen Sitzkissen, auf denen Zen-Buddhisten gewöhnlich sitzen. Einigen Besuchern waren diese schwarzen Kissen zu düster und zu ernst. Und einigen Buddhisten gefiel nicht, daß wir kein Buddha-Bildnis hatten. So kritisierte der eine dies und der nächste das.

Aus dieser Erfahrung haben wir sehr viel gelernt. Sie erinnerte uns an ein Grundprinzip des Zen-Kochs: daß es im Wesen aller Formen liegt, andere Formen auszuschließen. Schafft man etwas, so entsteht dadurch auch eine Grenze. So tief unsere Empfindung der Ichlosigkeit auch sein mag, und so sehr wir uns mit allem verbunden fühlen mögen, es wird immer irgendeine Art von Trennung bestehen bleiben. Und wenn wir dann mit Hilfe unserer spirituellen Übung versuchen, jene Grenze aufzulösen, so schaffen wir genau dadurch eine neue. Für entscheidend halte ich, daß man sich dieser Tatsache bewußt ist, denn dann kann man entweder die Grenze erweitern oder den nicht einbezogenen Aspekt auf andere Weise berücksichtigen.

Mit Nicht-Tun beginnen

Wie die meisten vielbeschäftigten Organisatoren stehe ich sehr früh auf. Doch nutze ich die frühen Morgenstunden nicht, um mich über die aktuelle Situation zu informieren, Telefongespräche zu führen oder mich auf später am Tag stattfindende Sitzungen und Konferenzen vorzubereiten. So groß mein Arbeitspensum an einem bestimmten Tag auch sein mag, ich beginne immer mit einer Sitzmeditation.

Obwohl wir schon einen speziellen Meditationsraum eingerichtet hatten, der den Mittelpunkt unserer Gemeinschaft bildete, reservierten wir auch in unserer neu eröffneten Bäckerei einen Raum für Meditation. Wir richteten über den Arbeitsräumen ein *Zendo* ein und meditierten dort jeden Morgen vor Beginn der Arbeit von 5.30 bis 7.00 Uhr.

Natürlich hat nicht jeder einen Raum ausschließlich für die Meditation zur Verfügung. Doch sollte das niemanden vom Meditieren abhalten. Auch im Büro des Greyston Family Inn, des Organisationszentrums für unsere Arbeit mit Obdachlosen, sitzen wir jeden Tag vor Beginn unserer morgendlichen Besprechung am Konferenztisch fünfzehn Minuten in stiller Meditation. Und auch in der Warburton Avenue beginnt unsere Mieterorganisation ihre Versammlungen mit einer kurzen Zeit der Stille.

Von der Stille der Meditation geht eine ungeheure

Kraft aus. In einer interreligiösen Gruppe, die der UN Vorschläge unterbreiten sollte, regte ich an, daß alle Mitglieder der Gruppe dem Weltfrieden jeden Mittag eine Minute der Stille widmen sollten. Können Sie sich vorstellen, daß die ganze Welt eine Minute lang innehält? Würde die ganze Welt regelmäßig jeden Tag eine Minute lang in Stille verweilen, so hätte dies wahrscheinlich eine positivere Auswirkung auf den Weltfrieden als zehn Jahre intensiver Friedensverhandlungen.

Ein Teilnehmer jener Konferenz, der Benediktinermönch Bruder David Steindl-Rast, widmet nun schon seit zehn Jahren jeden Mittag eine Minute dem Frieden. Ein Wecksignal erinnert ihn an dieses tägliche Innehalten. Doch »Mittag« kann zu jeder Tageszeit sein. Als in unserer Bäckerei nachts gearbeitet wurde, verlegten wir die Minute der Stille auf Mitternacht.

Die Stille der Meditation schafft Raum, eine besondere Art schöpferischer Leere. Diese Leere, die durch die Meditation entsteht, ist kein Mangel und auch kein Fehlen von irgend etwas, sondern ein Zustand der Offenheit, durch den Dinge überhaupt erst möglich werden. Sie gleicht dem leeren Raum in einer Tasse oder an der Nabe eines Rades. Eine volle Tasse kann nichts mehr aufnehmen, doch eine leere Tasse kann man mit verschiedenen Dingen füllen. Und ein Rad ohne Nabe für die Achse kann sich nicht drehen.

Dieser »leere« Raum ist vollkommen wach und lebendig. Alle Formen und Energien der Welt gehen aus ihm hervor, so wie die Wolken im klaren blauen Himmel erscheinen.

Alles hat seinen Platz

Oft denken wir, um spirituell oder erleuchtet zu sein, müßten wir besondere Erfahrungen machen – so wie wir auch meinen, ein köstliches Mahl könnten wir nur zubereiten, wenn wir besondere Zutaten und eine besonders »professionelle« Küche zur Verfügung hätten. Doch zum Kochen brauchen wir nichts weiter zu tun, als uns einen Überblick über alle vorhandenen Töpfe, Pfannen und Zutaten zu verschaffen. Und um zu unserer Spiritualität in Kontakt zu kommen, brauchen wir nur unseren Geist zur Ruhe kommen zu lassen. Es ist wie bei schmutzigem Wasser, wenn sich nach einiger Zeit die Sedimente am Boden absetzen.

Die Japaner setzen Normalität manchmal mit Ordnung gleich. Durch Ordnung entsteht Einfachheit, und diese ist ein Wesensmerkmal aller Dinge. Dogen sagt: »Bewahre Dinge, die ihrer Natur gemäß an einen hohen Ort gehören, an einem hohen Ort, und Dinge, die ihren Platz an einem niedrigen Ort haben, an einem niedrigen Ort auf. Dinge, deren Wesen einem hohen Ort entspricht, eignen sich für einen hohen Ort, wohingegen Dinge, deren Wesen eher einem niedrigen Ort entspricht, am besten dort aufbewahrt werden sollten.«

In der Küche eines Zen-Klosters beispielsweise hängen die Messer neben dem Schneideblock, und der Schöpfeimer hängt neben dem Brunnen. Wenn die Mönche vor dem Betreten der Meditationshalle ihre Schuhe ausziehen, stellen sie sie nicht nur ordentlich in eine Reihe, sondern außerdem auch so, daß sie von der Meditationshalle weg weisen, so daß man sie für die Geh-Meditation rasch wieder anziehen kann.

Ob wir nur wenige Dinge besitzen oder viele, ist gleichgültig. Ebenso unwichtig ist, ob wir in einer sehr einfachen Küche arbeiten oder in einer hochtechnisierten mit automatischer Brotbackmaschine, Mikrowelle und anderen neuartigen technologischen Errungenschaften.

Ein Mönch fragte einmal den Zen-Meister Basho: »Was ist der Buddha-Geist?« Der Meister antwortete: »Der gewöhnliche Geist.« Meditation rückt die Dinge zurecht, stellt sie an den Platz zurück, an den sie gehören. Sie hilft uns, klar zu erkennen, was in unserem Geist auftaucht und wie wir uns von unseren Urteilen lösen können. Wir sagen nicht: »Weil ich heute kein Salz esse, werde ich das Salz wegwerfen«, sondern wir stellen das Salz einfach wieder an seinen Platz zurück. Ebenso lernen wir auch, in unserem Leben die Dinge zur Ruhe kommen zu lassen, und dadurch entsteht ein Raum, in dem alles seinen Platz hat. Wenn sich in unserem gewöhnlichen Geist alles an seinem Platz befindet, so ist dies der erleuchtete Geist.

In der Greystone-Bäckerei wenden wir dieses Prinzip an, um unser Ausbildungsprogramm weiterzuentwickeln. Wenn wir neue Mitarbeiter einstellen, berücksichtigen wir alle Fähigkeiten der Betreffenden und geben ihnen eine Arbeit, die ihnen entspricht.

Viele Firmen machen bei der Einstellung von Langzeitarbeitslosen und von unzureichend ausgebildeten Arbeitern den Fehler, daß sie sich in erster Linie um eine möglichst rationelle Gestaltung des Arbeitsplatzes kümmern, sich jedoch nicht genügend Gedanken über die Menschen machen, die dort arbeiten sollen. Sie stellen komplizierte automatische Produktionsanlagen auf und klagen dann darüber, daß das Personal diese Geräte nicht richtig bedienen kann.

Bei uns stehen die Fähigkeiten unserer Mitarbeiter grundsätzlich an erster Stelle. Arbeitern mit geringen Kenntnissen und Fähigkeiten übertragen wir keine Aufgaben, die Spezialkenntnisse erfordern. Wir gestalten den Produktionsprozeß so, daß die Fähigkeiten unserer Arbeiter berücksichtigt und optimal genutzt werden.

Statt gleich zu Beginn teure Maschinen zu kaufen, haben wir unserem Personal zunächst Gelegenheit gegeben, mit einfacheren manuellen Arbeitsabläufen Erfahrungen zu sammeln, und haben erst später kompliziertere Maschinen gekauft. So konnten sich alle zuerst an die neue Situation gewöhnen und ihre Fähigkeiten allmählich weiterentwickeln.

Im Netz der Konditionierungen gefangen

Konditionierungen sind für mich unsere erworbenen festen Ansichten und Verhaltensweisen, und das Netz unserer Konditionierungen hindert uns daran, die Dinge und uns selbst klar zu sehen.

Konditionierungen sind im Grunde etwas völlig Natürliches, so wie auch die großen und kleinen Wellen auf einem See natürliche Erscheinungen sind. Konditionierungen entstehen durch Geschehnisse in unserem Leben. Wenn etwas mehrmals auf eine bestimmte Weise geschieht, bauen wir die Erwartung auf, daß dies nun immer so sein wird, und wir handeln so, wie wir schon früher in solchen Fällen gehandelt haben. Tatsächlich ist aber ständig alles in Bewegung. Nicht zwei Augenblicke gleichen einander.

Meditation – und jede andere Methode der Klärung des Geistes – kann uns von unseren Konditionierungen befreien, weil sie uns hilft, uns von der Vergangenheit zu lösen.

Das bedeutet jedoch nicht, daß wir die Vergangenheit gänzlich aus unserer Erinnerung verbannen müssen. Es geht nur darum, daß wir nicht mehr an ihr haften. Wenn mich beispielsweise jemand mehrmals bei Geschäften übervorteilt, sollte ich mir dies natürlich merken, aber ich brauche dem, was in der Vergangenheit geschehen ist, auch keine so große Bedeutung beizumessen, daß all meine aktuellen Erfahrungen mit der betreffenden Person davon überschattet werden.

Im Zen heißt es, wenn wir einen Menschen zwei Minuten lang nicht gesehen hätten, sollten wir nicht meinen, wir hätten noch die gleiche Person vor uns. Sowohl die Person als auch die Situation kann sich in der Zwischenzeit verändert haben. Wichtig ist, daß ich mir klarmache, was ich in diesem Augenblick tun kann. Wenn wir nicht mehr durch unsere Konditionierungen gebunden sind, können wir die Welt immer wieder mit neuen Augen sehen. Jeder Augenblick eröffnet uns dann neue Möglichkeiten.

Als wir mit unserer Obdachlosenarbeit begannen, stand uns ein bestimmter Sozialaktivist sehr negativ gegenüber. Er unterstellte uns, wir würden afroamerikanische Frauen, die in Motels untergebracht waren, wie Sklavinnen in unserer Bäckerei arbeiten lassen, sie dort nach Strich und Faden ausbeuten und sie anschließend wieder in die Motels abschieben. Als wir versuchten, eine Baugenehmigung für den Umbau eines Mietshauses zu bekommen, in dem wir Obdachlose unterbringen wollten, beklagte sich dieser Mann im zuständigen städtischen Ausschuß, wir planten einen riesigen Betrug, um uns Regierungsgelder zu erschleichen und uns daran zu bereichern.

Zwar lernten wir uns allmählich ein wenig besser

kennen, doch blieb der Betreffende unserer Arbeit gegenüber sehr negativ eingestellt. Eines Tages rief er mich an, um mich wegen eines Wohnraumbeschaffungsprojekts, an dem er mitarbeitete, um Rat zu fragen. Instinktiv überlegte ich sofort, was wohl dahinsteckte, was er mit seiner Anfrage *tatsächlich* bezweckte.

Doch die Situation hatte sich verändert: Inzwischen hatte dieser Mann die Früchte unserer Bemühungen gesehen. Ein Verwandter von ihm hatte in unserer Bäckerei Arbeit gefunden. Er hatte mich dieses Mal nicht angerufen, um sich mit mir zu streiten oder um mir Vorwürfe zu machen, sondern er wollte einfach wissen, was wir von dem Projekt, an dem er arbeitete, hielten.

Nichts fehlt

Durch Meditation werden wir uns dessen bewußt, daß unser Geist sich selbst genügt: daß wir ihm nichts hinzufügen müssen, daß wir nichts an ihm weiterentwikkeln und uns nicht einmal »verbessern« müssen, weil wir alles haben, was wir in diesem Augenblick brauchen. Doch genau das vergessen wir immer wieder. Es gibt eine alte buddhistische Geschichte über einen außergewöhnlich hübschen Prinzen. Jeden Morgen nach dem Aufwachen schaute er in den Spiegel und rief: »Wie wunderschön ich doch bin!«

Eines Morgens nahm er den Spiegel falsch herum in

die Hand, und da er auf die unpolierte Rückseite schaute, sah er sein Gesicht nicht. In Panik rannte er aus seinem Palast, lief durch die Straßen und schrie: »Mein Kopf ist weg! Mein Kopf ist weg!« Er wurde völlig verrückt und suchte überall nach seinem vermeintlich verschwundenen Kopf.

Schließlich fand ihn ein Freund, hielt ihn fest und sagte: »Warum bist du so aufgebracht? Dein Kopf ist doch gar nicht weg.«

»Nein, nein, mein Kopf ist weg. Er ist weg«, lamentierte der Prinz.

Man brachte ihn zum Palast zurück, doch alle Beruhigungsversuche schlugen fehl. Weil es damals noch keine Zwangsjacken gab, band man den Prinzen an eine Säule. Und wegen seines anhaltenden lauten Brüllens bekam er eine Maulsperre verpaßt.

Trotzdem kämpfte er wie verrückt weiter. Doch irgendwann erschöpft sich auch das stärkste Gefühl. Als er sich ein wenig beruhigt hatte, schlug sein Freund ihm ins Gesicht.

Da rief der Prinz: »Mein Kopf ist wieder da!« Er war nun außer sich vor Freude. Während der nächsten Tage lief er umher und erzählte allen, denen er begegnete, wie wunderbar es sei, daß er seinen Kopf wiedergefunden habe. Seine Freunde schauten ihn ungläubig an. Doch dauerte es noch eine ganze Weile, bis sich seine Begeisterung über seinen vermeintlich wiedergefundenen Kopf legte.

So wie der Prinz, der glaubte, er hätte seinen Kopf verloren, suchen auch wir manchmal nach Dingen, die wir bereits haben. Zen hilft uns, innezuhalten und still zu werden.

Doch das allein ist noch nicht genug. Sobald wir zur Ruhe gekommen sind, müssen wir aufgerüttelt und aufgeweckt werden. Manchmal reicht schon ein sanfter Anstoß aus: das Aufprallen eines Steins auf einem Bambusrohr, der Anblick einer fallenden Pfirsichblüte oder das plötzliche Erblicken des Morgensterns. Es kann aber auch ein Schock notwendig sein, beispielsweise der Stockschlag eines Zen-Meisters, oder daß wir mit dem Zeh gegen etwas stoßen. Erst nachdem wir auf diese Weise aufgerüttelt worden sind, wird uns klar, daß wir unseren Kopf immer noch haben – daß wir ihn immer gehabt haben – und daß, wie Dogen sagt, »alles erleuchtet ist, so wie es ist«.

Zen nimmt Ihnen keine Probleme ab

Zen kann Ihnen helfen, Ihren Kopf zu finden, doch löst es nicht unbedingt all Ihre Probleme. Ein Zen-Meister hat einmal gesagt: »Zen nimmt niemandem alle Probleme ab. Bestenfalls lernt man durch Zen, mit den Problemen umzugehen.«

Meine Schwiegermutter, die zufällig anwesend war, als der Meister dies sagte, erwiderte daraufhin: »Warum soll man sich denn dann überhaupt mit Zen abgeben? Wozu ist Zen denn gut, wenn es Menschen nicht einmal hilft, ihre Probleme zu lösen?«

Der Zen-Koch glaubt nicht an Utopien. Probleme wird es immer geben, im Leben des einzelnen ebenso wie in der Gesellschaft. Manche Leute meinen, indem man das Geschirr abwäscht, löst man das Problem des schmutzigen Geschirrs. Doch das stimmt nicht, denn das Geschirr wird schon kurz darauf wieder schmutzig sein. Der Zen-Koch hat die Aufgabe, Essen zu kochen und das Geschirr abzuwaschen. Beides ist nie endgültig erledigt.

Wir müssen uns von der Vorstellung lösen, daß wir irgendwann einmal keine Probleme mehr haben werden. Erst wenn uns dies gelungen ist, können wir uns mit den wirklich wichtigen Fragen unseres Lebens beschäftigen.

Warte nicht, bis du erleuchtet bist

Welche Zutaten uns zur Verfügung stehen, hängt von der Klarheit unseres Blicks ab. Kaum jemand unter uns – ob wir uns nun für religiös halten oder nicht – wird bestreiten, daß unsere Pläne und Handlungen um so angemessener sind, je klarer wir unsere Situation sehen. Doch brauchen wir deshalb nicht zu sagen: »Ich bin noch nicht so klar, daß ich die verfügbaren Zutaten sehen kann. Deshalb werde ich nichts tun, bis ich sie wirklich alle sehe.« Was immer wir sehen, sollten wir verwenden. Was es ist, ist unwichtig, solange es das ist, was wir sehen. Mit der Klarheit, die wir in diesem Moment haben, und mit dem, was wir in diesem Moment sehen, können wir uns an die Arbeit machen.

Nachdem ich ungefähr drei Jahre mit meinem Lehrer Maezumi Roshi zusammengearbeitet hatte, forderte er mich auf, in Colleges Einführungsvorträge über Zen zu halten. Ich sagte, ich fühlte mich dazu noch nicht bereit. Doch das ließ er nicht gelten. Er sagte, man habe immer das Gefühl, man hätte noch nicht genug Klarheit entwickelt, um lehren zu können. Doch sei das Lehren wahres Lernen, und deshalb sei es nicht so wichtig, wie weit unsere Klarheit schon fortgeschritten sei.

Wir können und müssen unsere Klarheit ständig weiterentwickeln. Ob Sie ein Buddha sind, tut nichts zur Sache. Selbst dann können Sie noch größere Klarheit entwickeln.

Reinige nicht nur um des Reinigens willen

Die Situation, daß wir ein Glas nicht mehr zu reinigen brauchen, wird nie eintreten. Wenn wir das Geschirr abgewaschen haben, türmt sich irgendwann wieder ein neuer Stapel auf. Der Prozeß des Reinigens endet nie.

Doch fegen wir den Boden nicht nur, damit er sauber ist. Wir reinigen Dinge, weil wir sie benutzen wollen. Wir fegen den Boden, weil wir darauf gehen wollen.

Wir wischen den Tisch ab, weil wir Gemüse darauf schneiden wollen. Wir spülen die Töpfe und Pfannen, weil wir sie zum Kochen verwenden wollen. Wir waschen das Geschirr ab, damit wir die Speisen darauf servieren können. Und wir reinigen unseren Geist, damit jeder Augenblick für uns ein Neubeginn ist.

Der zweite Gang

Rezepte für das Lernen

4

Anfängergeist

Die meisten von uns glauben, sie müßten Experten sein, um irgend etwas tun zu können. Deshalb lesen wir eine Unmenge von Büchern, besuchen Seminare, suchen den Rat von »anerkannten Fachleuten« und kommen erst gar nicht dazu, die Fähigkeit, die wir uns aneignen wollen, auszuprobieren, ganz zu schweigen davon, daß wir sie jemals meistern.

Der Zen-Koch hat eine völlig andere Einstellung zum Lernen. Sein Weg ist nicht der des Experten, sondern der des Anfängers. Die richtige Einstellung zum Lernen wird im Zen »Anfängergeist« genannt.

Eines der besten Beispiele für den Anfängergeist ist ein Kind, das Laufen lernt. Kleine Kinder lesen keine Bücher über das Laufen, und sie besuchen auch keine Lauf-Seminare. Sie stehen einfach auf, machen einen Schritt und fallen hin. Dann fangen sie wieder von vorn an. Vielleicht sind sie frustriert, oder sie werden wütend, wenn sie hinfallen, aber sie lassen sich nicht entmutigen. Sie sagen nicht: »Siehst du, das ist der Beweis dafür, daß ich nicht laufen kann! Ich werde es *nie* schaffen. Laufenlernen ist unmöglich!«

Lernen durch Angst

Je mehr wir begreifen, um so mehr Möglichkeiten, an uns zu arbeiten, sehen wir. Wir meinen, je länger wir uns einem spirituellen Pfad widmen, um so näher kämen wir einer Art von reinem, wahrem Selbst. Wir wollen nichts davon wissen, daß unsere Verwirrtheit und unsere scheinbar »unreinen« Anteile *auch* unser wahres Selbst sind. Wenn wir begreifen, daß es immer Teile von uns geben wird, die verwirrt sind, müssen wir entweder akzeptieren, daß auch das verwirrte und irregeleitete Ich das wahre Selbst ist, oder wir müssen uns damit abfinden, daß wir unser wahres Selbst *nie* erreichen werden.

Dies bringt uns in ein Dilemma. Aus der Perspektive des Anfängergeistes betrachtet, müssen wir alles so akzeptieren, wie es ist. Doch da wir uns dagegen sträuben, entsteht ein starker Widerstand. Wir müssen die Dinge dann irgendwie durchstehen, so wie man sich beim Rodeo auf einem wilden Pferd festkrallt. Wir müssen durch den Schmerz hindurchgehen und daraus lernen.

Wir alle versuchen, Dingen, die uns ängstigen, aus dem Weg zu gehen. Doch den Zustand der Ganzheit erreichen wir nur, wenn wir uns immer tiefer mit uns selbst auseinandersetzen, und das bedeutet, daß wir uns auch immer stärker den Dingen stellen müssen, die uns Angst machen.

Bestandsaufnahme der persönlichen Situation

Im Studienprogramm unserer Zen-Gemeinschaft geben wir uns zu Beginn unserer Auseinandersetzung mit uns selbst Rechenschaft über unsere Eigenschaften und Charakterzüge.

Die Bestandsaufnahme der eigenen Situation spielt auch im Zwölf-Schritte-Programm der Anonymen Alkoholiker eine wichtige Rolle. Im vierten Schritt werden die Absolventen dieses Programms zu einer »mutigen Bestandsaufnahme ihrer Charakterfehler« aufgefordert. Das Zwölf-Schritte-Programm ist eine sehr wirksame Methode, von der ich viel gelernt habe, doch was mir daran nicht gefällt, ist die Vorstellung von »Charakterfehlern«. Wir ziehen es vor, von einer Bestandsaufnahme aller gefundenen *Charakteristika* zu sprechen, wobei wir keine Eigenschaft ein für allemal als gut oder schlecht beurteilen.

Das ist allerdings gar nicht so leicht. Viele unserer Charaktereigenschaften haben wir in den hintersten Winkel gestopft, wie alte Kleider, die uns nicht mehr gefallen und in denen wir uns um keinen Preis mehr der Öffentlichkeit zeigen wollen. Es erfordert viel Mut, sich diese Eigenschaften wieder zu Bewußtsein zu bringen und sie offen und vorurteilslos anzuschauen. Deshalb wird im vierten Schritt des AA-Programms das Wort »mutig« verwendet.

Was auch immer Sie in sich selbst sehen, ist in Ordnung. Wenn wir Verborgenes ans Licht holen und uns mit anderen Menschen darüber austauschen, so entsteht eine fließende und offene Situation.

Manche Menschen glauben, sie hätten nur sehr begrenzte Möglichkeiten. Andere haben das Gefühl, mehrere Personen gleichzeitig zu sein, was manchmal fast schizophrene Züge annimmt. Beispielsweise könnte ich mich als Zen-Mönch, als Geschäftsmann, als Sozialaktivisten oder als Ehemann und Vater sehen. Ich kann Bernie sein, meinem Geburtsnamen entsprechend, oder Tetsugen, wie mein Mönchsname lautet, oder Roshi, meinem Titel als Zen-Lehrer gemäß. All diese Identitäten zusammen umfassen ein sehr großes Spektrum. Alles sind wir.

Nachdem wir all unsere Eigenschaften wieder ans Licht geholt haben, sprechen wir mit den anderen Gruppenmitgliedern offen darüber. Und dann versuchen wir, für das Bild, das wir von uns selbst haben, einen kreativen Ausdruck zu finden, den wir der Gruppe vorführen. Dabei kann es sich um ein Gemälde, eine Skulptur, eine szenische Darstellung, ein Lied oder irgend etwas anderes handeln.

Indem wir so versuchen, dem Bild, das wir von uns selbst haben, Ausdruck zu geben, kommen wir der Erkenntnis näher, daß unsere Vorstellung von uns selbst nichts weiter ist als unsere Vorstellung von uns selbst. Das hilft uns, unliebsame Dinge aus dem Verborgenen hervorzuholen und sie, sobald sie offenliegen, entweder als Zutaten zu nutzen oder uns so weit von ihnen zu lösen, daß sie uns nicht mehr beherrschen.

Durch unsere persönliche Bestandsaufnahme in der Gruppe wird außerdem das Gefühl gestärkt, daß wir nicht allein sind. Unsere Angst läßt nach, wenn wir erleben, daß eine ganze Gruppe von ähnlichen Dingen gequält wird wie wir.

Meditation ist ein sehr wichtiger Teil unserer persönlichen Bestandsaufnahme. Sie hilft uns, die Vorstellungen, die wir über uns selbst haben, klar zu erkennen, ohne daß wir sie beurteilen. Das ist im Augenblick alles, was wir tun. Wir versuchen nicht, uns von unseren Vorstellungen über uns selbst zu lösen. Und wir versuchen auch nicht, Kontakt zu unserem inneren Kind, unserem wahren Selbst oder Gott aufzunehmen oder zu irgendeinem von all den vielen Konzepten, die zur Beschreibung von Erleuchtungszuständen entwickelt wurden.

Wie die meisten habe auch ich bei dieser Bestandsaufnahme in unserer Studiengruppe sowohl »gute« als auch »schlechte« Eigenschaften gefunden. Beispielsweise setze ich andere oft sehr stark unter Druck, wenn es darum geht, daß bestimmte Dinge getan werden sollen. Ist jemand hungrig, so möchte ich ihm etwas zu essen geben. Ist jemand obdachlos, so möchte ich ihm möglichst schnell eine Unterkunft verschaffen.

Doch gerade diese Entschlossenheit kann auf empfindsame Menschen abschreckend wirken. Entschlossene Menschen nehmen die Dinge, die ihnen als wichtig erscheinen, gewöhnlich zügig in Angriff, während andere bei diesem Tempo dann oft nicht mithalten können. Als ich zusammen mit allen anderen Mitgliedern unserer Gemeinschaft meine Bestandsaufnahme machte, wurde mir klar, daß ich anderen nicht genug danke und nicht genug Anerkennung schenke – weil ich ständig von dem Gedanken besessen bin, wir dürften keine Zeit verlieren und müßten noch mehr leisten.

Außerdem bin ich etwas störrisch. Das Positive daran – denn jede »negative« Eigenschaft enthält auch immer einen positiven Kern – ist, daß ich dadurch über eine gewisse Hartnäckigkeit verfüge. Ich gebe nicht auf, sondern warte, bis der richtige Augenblick für die Verwirklichung meiner Ziele gekommen ist. Ohne diese Zutat wären wohl einige unserer Projekte nicht zustande gekommen, unter anderem das *House of One People* (HOOP), ein Projekt, an dem sich Moslems, Katholiken, Juden, Buddhisten und Hindus beteiligen.

Aus Eigenschaften werden Zutaten

Sobald wir unsere Eigenschaften klar sehen, erkennen wir auch, daß sie unser Rohmaterial sind. Sie sind unsere Zutaten.

Wir arbeiten tagtäglich mit ihnen, indem wir kurzfristige Ziele definieren, die mit dem Weg, den wir gehen wollen, in Einklang stehen. Angenommen, ich habe erkannt, daß eine meiner Eigenschaften Faulheit ist, und diese Faulheit verhindert, daß ich in meiner spirituellen Übung Disziplin entwickle. In diesem Fall könnte ich mir das kurzfristige Ziel stecken, daß ich jeden Tag fünfzehn Minuten lang meditieren will, und mir nach einiger Zeit Rechenschaft darüber geben, ob ich diese Disziplin tatsächlich aufgebracht habe.

Einmal stehe ich morgens beim Wecksignal sofort auf. Ein anderes Mal bleibe ich im Bett und beobachte nur meine Reaktionen auf das Weckgeräusch oder auf das Klopfen an meiner Tür. Nach drei Monaten stelle ich dann vielleicht fest, daß ich manchmal faul bin und manchmal nicht. Wir beobachten unsere Eigenschaften, um herauszufinden, ob sie tatsächlich so sind, wie wir meinen, oder ob sie sich in irgendeiner Weise verändern. Und dann sprechen wir über diese neugewonnenen Erkenntnisse noch einmal mit anderen. So lernen wir unsere Gewohnheiten und ihre Auswirkungen immer besser kennen. Wir lernen, daß sie Zutaten sind, nicht Probleme, die wir lösen müssen.

Loslassen und akzeptieren

Es gibt keine grundsätzlich guten oder schlechten Zutaten und Eigenschaften. Natürlich gefallen mir einige meiner Wesenszüge und andere nicht. Außerdem sind einige unserer Eigenschaften der Gesellschaft genehm und andere nicht. Doch all dieses Mögen und Nicht-mögen ist äußerst subjektiv. Es sagt letztlich nur etwas über die persönlichen Vorlieben einzelner Personen aus.

Es liegt in der Natur des Menschen, daß er Urteile fällt, denn die Haupttätigkeit des menschlichen Geistes besteht im Registrieren von Unterschieden. Und es ist auch menschlich, daß wir dazu neigen, an unseren Urteilen festzuhalten. Wenn uns bewußt wird, daß wir urteilen, sollten wir bedenken, daß jedes Urteil subjektiv und nur aus unserer gegenwärtigen Perspektive gültig ist. Es kann sich jederzeit verändern.

Nun bringt das Urteilen und vor allem das Festhalten an bestimmten Urteilen zwangsläufig Probleme mit sich. Nehmen wir einmal an, es regnet an einem bestimmten Tag. Wenn ich für diesen Tag ein Picknick geplant habe, werde ich mich wahrscheinlich über den Regen ärgern, weil er mir mein Picknick verdorben hat. Doch vielleicht bin ich am nächsten Tag über den gleichen Regen sehr froh, weil mein Garten dringend Wasser braucht.

Es steht mir also einerseits frei, Gefühle zu haben und Urteile über Dinge zu fällen, und andererseits habe ich auch die Freiheit, nicht an meinen Gefühlen und Urteilen festzuhalten. Da sich die Umstände ständig verändern, geschehen immer wieder neue Dinge. Wir werden eifersüchtig, dann plötzlich sind wir traurig, und im nächsten Moment sind wir von Glücksgefühlen erfüllt.

Wir müssen lernen, all diese Gefühle loszulassen – denn das ist ein wichtiger Bestandteil unseres Großen Mahls – und das Auftauchen genau dieser Gefühle zu akzeptieren. Wenn wir sowohl das Loslassen als auch das Akzeptieren oder Zulassen der Gefühle üben, erfahren wir, was es heißt, in einem Zustand der Freiheit zu leben.

Unsere Fehler sind unsere besten Zutaten

Wenn wir unsere Fehler oder Schwächen als Zutaten ansehen, verändert sich unsere Sichtweise völlig, denn wir können mit diesen Dingen plötzlich köstliche Speisen zubereiten. Allerdings müssen wir sie ebenso vorsichtig dosieren wie Chili oder Pfeffer.

Unsere Fehler können wichtige Ressourcen für uns sein, wenn wir ihre Wirkung genau kennen und uns nicht mehr durch ständiges Beurteilen selbst verwirren. Diese Gewohnheit ist sehr hartnäckig, aber gerade deshalb ist die Auseinandersetzung damit besonders lohnend.

Alle Eigenschaften, die wir als unsere Fehler ansehen, sind Teile von uns. Wenn wir beispielsweise faul sind, macht Faulsein uns keine besondere Mühe, und wir brauchen auch nicht zu *versuchen*, faul zu sein. Und falls wir leicht aufbrausen, bereitet uns auch das keine besondere Mühe, sondern wir *sind* einfach so. Unsere Mängel enthalten ungeheuer viel Energie, die wir nicht nur destruktiv, sondern auch konstruktiv verwenden können.

Folglich verfügen wir über um so mehr Zutaten, je mehr scheinbare Mängel und Schwächen wir erkennen. Wut beispielsweise kann zu einer unserer köstlichsten Zutaten werden. Wenn wir leicht wütend werden, sollten wir die Wut weder leugnen noch unterdrücken und sie auch nicht beobachten oder analysieren, sondern sie einfach zulassen, so daß wir sie voll und ganz spüren. Wir sitzen in der Meditation mit der Wut. Wir *werden* zur Wut. Dadurch erkennen wir, was Wut ist, und dann verwandelt sich die Wut von selbst, beispielsweise in Entschlossenheit.

Nachdem wir akzeptiert haben, daß Wut ein Teil des Mahls ist, das wir zubereiten, müssen wir herausfinden, wie wir diese spezielle Zutat am besten verwenden können. Wir können die Energie der Wut zur Beseitigung sozialer Ungerechtigkeiten nutzen, beispielsweise der Obdachlosigkeit oder der Rassendiskriminierung.

Als wir die Renovierungsarbeiten an dem Mietshaus in der Warburton Avenue abgeschlossen hatten, funktionierte das Sicherheitssystem des Gebäudes noch nicht. Prompt brach jemand in das Büro des Hausmeisters ein und stahl zwanzig Liter Farbe und zehn Dollar. Und dann wurde auch noch das für die Kinderbetreuung gespendete Spielzeug im Wert von tausend Dollar gestohlen. Die Mieter waren außer sich vor Wut, als sie davon erfuhren, doch niemand hatte eine Idee, was man gegen solche Einbrüche tun könnte.

Während einer Krisensitzung der Mieterorganisation verwandelte sich die Wut allmählich in Entschlossenheit, und zwar je mehr wir uns auf eine konkrete Lösung des Problems konzentrierten. Ein Mieter sagte: »Vor drei Jahren habe ich selbst solche Dinge getan, und ich finde, wir sollten diese Angelegenheit unter uns regeln. Ich schlage vor, daß wir nach dieser Versammlung alle Wohnungen im Haus durchsuchen.« Innerhalb einer Stunde durchsuchten die Mieter alle Wohnungen. Ein anderer sagte: »Ich bin spät nach Hause gekommen und habe ein paar zwielichtige Gestalten im Haus und in der Umgebung gesehen.« Und ein dritter bemerkte: »Wir haben diese Gegensprechanlage, und wir öffnen Besuchern mit dem elektrischen Türöffner die Eingangstür. Das sollten wir ändern, denn wer weiß, wer ohne unser Wissen hinter unseren Besuchern das Haus betritt? Wir gehen besser selbst zur Tür und vergewissern uns, wen wir hereinlassen.« Alle waren einverstanden. Dann sagte jemand: »Wir sollten eine Hauswache einführen, um herauszufinden, wie es zu diesen Diebstählen gekommen ist.« Daraufhin wurde das Gebäude ungefähr zwei Wochen lang rund um die Uhr von den Mietern bewacht, um etwaige Eindringlinge zu ertappen.

Anfangs war es sehr schwierig, den Mietern klarzumachen, daß sie für das Haus, in dem sie wohnten, auch Verantwortung übernehmen mußten. Doch die Wut, die durch die Einbrüche hervorgerufen worden war, stärkte das Verantwortungsgefühl der Bewohner enorm. Dies war *ihr* Haus. *Ihr* Lebensraum war angegriffen worden, und dagegen hatten sie etwas unternommen.

Die Familien, die viele Jahre lang keine eigene Wohnung gehabt hatten und die nun erstmals wieder die Schlüssel eines eigenen Heims in Händen hielten, wollten nicht zulassen, daß dies alles wieder zerstört würde.

Probleme lösen

Viele Menschen glauben, Sinn und Zweck des Lernens sei die Überwindung von Irrtümern oder das Erreichen völligen Verstehens.

Wenn wir meinen, es gebe einen Ort, an dem alles vollkommen frei von Problemen sei, leben wir in der Zukunft. Doch die Zukunft ist eine Illusion. Wir sind immer im Hier und Jetzt. Gedanken tauchen auf, die wir der Vergangenheit, der Gegenwart und der Zukunft zuordnen, doch alle Gedanken über Vergangenheit, Gegenwart und Zukunft treten im Jetzt in Erscheinung.

Es werden immer Dinge »aus heiterem Himmel« auftauchen. So viele Problemlösungstechniken wir uns auch aneignen mögen, das Leben wird uns trotzdem immer wieder vor völlig unerwartete Situationen stellen.

Mit dieser grundlegenden Tatsache muß sich jeder anfreunden, der einen Plan in die Tat umsetzen will. Das typische Problem vieler Manager ist, daß sie versuchen, alle Probleme ein für allemal aus der Welt zu schaffen. Einen wirklich guten Manager jedoch zeichnet aus, daß er mit Problemen umzugehen versteht.

Es wird immer gleich viel zu tun geben. Immer werden unendlich viele Dinge erledigt werden müssen. In unserem Leben, in unserem Unternehmen und in unserer Küche wird nie alles genau so laufen, wie wir es gern hätten. Welche Idealsituation uns auch vorschweben mag, die Realität kann ihr einfach nicht entsprechen. Das Leben läuft nicht so uhrwerkartig ab, daß wir nur eine bestimmte Stufe zu erreichen brauchen und dann zuschauen können, wie alles Weitere seinen planmäßigen Lauf nimmt. Natürlich können wir ein immer besseres Verständnis der Dinge und immer mehr Klarheit und Sachkenntnis im Umgang mit ihnen entwickeln, doch bewahrt uns das nicht davor, daß wir immer wieder mit neuartigen, unerwarteten Situationen konfrontiert werden. Der leere Himmel bringt ständig neue Wolken hervor. Der Topf hört nie auf zu kochen.

5

Grundlegende Zutaten

*D*er Zen-Koch braucht auf seinem Weg, dem Weg des Anfängergeistes, drei grundlegende Zutaten: Zweifel, Vertrauen und Entschlossenheit. Sie entsprechen Luft, Wasser und Hitze, die wir alle drei zum Kochen brauchen.

Zweifel ist ein Zustand der Offenheit und des Nichtwissens. Wenn wir zweifeln, erheben wir keinen Anspruch auf die einzig richtige Ansicht. Wir wissen nicht, was als nächstes geschehen wird. Der Zustand des Zweifelns läßt uns die Dinge auf eine offene, unvoreingenommene Weise untersuchen.

Zweifel hat die gleiche fließende Natur wie das Element Wasser. Er beansprucht keine feste Position. Wenn man Wasser in einen runden Behälter gießt, nimmt es eine runde Form an, und wenn man es in einen rechteckigen Behälter gießt, so nimmt es dessen Form an. Ebenso fließen auch Zweifel oder Nichtwissen mit der Situation. Zweifel ist ein Zustand der Hingabe, der Offenheit dem gegenüber, was ist. Erst wenn wir genügend Zweifel und Fragen entwickelt haben, kommen wir weiter.

Unser Problem mit dem Zweifel ist, daß wir ihn für etwas Negatives halten. Wir meinen, weil wir etwas nicht verstehen oder weil wir uns nicht sicher sind, sei irgend etwas mit uns nicht in Ordnung. Wenn wir uns in die negativen Aspekte des Zweifels verstricken, versinken wir in Selbstmitleid. Wir fragen uns dann: »Wie ist es nur möglich, daß ich das nicht klar sehen kann?«

Doch Zweifel kann sehr positiv wirken. Durch Zweifel können wir erkennen, wie das Leben wirklich ist. Zweifel kann uns helfen, unsere Selbstzufriedenheit zu überwinden. Indem wir an dem festhalten, was wir wissen oder verstehen, und indem wir an unserer Selbstzufriedenheit und Selbstgefälligkeit haften, versteifen wir uns auf eine Position, die uns nicht weiterbringt.

Wenn wir meinen, wir wüßten irgend etwas mit absoluter Sicherheit, sitzen wir schon in der Falle. Alles, was wir »sicher wissen«, treibt uns zur Verteidigung unserer bereits fest formulierten Überzeugungen und schränkt gleichzeitig das Spektrum dessen, was wir untersuchen könnten, ein.

Anfangs fällt es uns leichter, unseren auf Kontrolle versessenen Geist mit all seinem Festhalten zu erfahren, als uns dem offenen Geist des Zweifelns und Nichtwissens zu öffnen. Beispielsweise könnten Sie eine Liste der Dinge zusammenstellen, von denen Sie glauben, Sie könnten nicht darauf verzichten, wie eine bestimmte Automarke oder bestimmte Kleider. Anschließend könnten Sie eine Liste der Ideen anlegen, die Sie für wichtig oder wahr halten, wie zum Beispiel die Überzeugung, daß der menschliche Körper nur durch Fleischkonsum genügend Eiweiß bekommt. Wir sollten uns bewußt machen, woran wir haften – also alles, was wir für einen unverzichtbaren Teil unserer Existenz halten. Erst wenn wir uns von all diesen Dingen gelöst haben, können wir den offenen Geist des Zweifels erfahren.

Eine andere Übung, die uns hilft, uns dem Zweifel zu öffnen, ist das *Koan*: »Wer bin ich?« Mit Hilfe dieser Frage können Sie immer wieder all die vielen verschiedenen Vorstellungen überprüfen, die Sie von sich selbst haben. Auch von den Antworten, die Ihnen zu dieser Frage einfallen, können Sie eine Liste anlegen. Sie könnten mit Ihrem Namen beginnen: »Ich bin Bernie.« Dann kommt Ihnen vielleicht der Gedanke: »Ich bin nicht einfach nur Bernie. Ich bin ein Ingenieur.« Und dann: »Ich bin Vater« oder »Ich bin Bruder.« So geht es endlos weiter. Was auch immer Ihnen als Antwort einfallen mag, es ist nie eine Aussage darüber, wer Sie sind, sondern immer nur eine Beschreibung einer der vielen Rollen, die Sie in Ihrem Leben spielen. Doch wenn Sie diese Untersuchung fortsetzen und es Ihnen gelingt, alle Rollen und Identitäten aufzulösen, erreichen Sie vielleicht irgendwann einen Zustand des Nichtwissens, und *das* ist der Zustand des Zweifels, von dem hier die Rede ist: das Aufbrechen jenes Konglomerats von Vorstellungen, die verhindern, daß etwas Neues geschehen kann.

Aus der Falle des Bescheidwissens können wir uns auf viele verschiedene Weisen befreien. In der Zen-Meditation gelangen wir zu der Erkenntnis, daß in Wahrheit unsere eigenen Vorstellungen die Falle sind, in die wir ständig tappen. Wenn wir still und ruhig geworden sind, können wir unsere verfestigten Vorstellungen klar erkennen, und dadurch können wir uns von all den Dingen lösen, an denen wir haften. Dann öffnet sich die Falle, die wir selbst geschaffen und in der wir uns verfangen haben.

Es ist wie bei dem *Koan*: »Wie kommt man weiter, wenn man an der Spitze eines dreißig Meter hohen Pfahls angelangt ist?« So weit wir im Leben auch kommen mögen, ganz gleich, was wir verstehen oder was uns klar wird, wir bleiben immer bei dem stehen, was wir auf der Spitze jenes dreißig Meter hohen Pfahls wissen. Dieses *Koan* fordert uns heraus weiterzugehen, in unseren Zweifel hineinzuspringen. Durch solch einen Sprung ins Unbekannte erfahren wir, was es bedeutet, unsere Identität loszulassen.

Zweifel führt direkt zur Entwicklung von Vertrauen. Wenn wir uns von allen Vorstellungen und Ideen gelöst haben, erfahren wir uns so, wie wir wirklich sind, nicht als isolierte einzelne, sondern als Teile eines verbundenen Ganzen. Dadurch entwickelt sich in uns der

Glaube an die Einheit allen Lebens und das Vertrauen, das wir brauchen, um immer wieder alles loslassen zu können, einschließlich unserer Einsichten und unserer spirituellen Fortschritte. Obgleich der Pfad endlos ist, gehen wir unablässig weiter.

Die dritte grundlegende Zutat ist die Entschlossenheit. Selbst wenn wir Zweifel und Vertrauen entwickelt haben, fehlt uns zum Handeln noch die Entschlossenheit. Vielleicht haben Sie die Einheit allen Lebens erfahren, doch wenn es Ihnen an Entschlossenheit fehlt, laufen Sie Gefahr, völlig handlungsunfähig und abhängig zu werden. Sie sagen dann vielleicht: »Diese Einheit allen Lebens ist wunderbar«, und bleiben im Bett liegen, trinken Bier und schauen sich das Fernsehprogramm an.

Entschlossenheit braucht keine extreme oder dramatische Form anzunehmen. Doch bringt die Hitze der Entschlossenheit die Dinge in Bewegung. Eine chemische Reaktion setzt ein: Das Wasser kocht oder verdampft, der Reis wird gar, das Brot geht auf. Sie stehen frühmorgens auf und meditieren.

Als Zen-Koch müssen Sie über alle drei genannten Zutaten verfügen. Wenn Sie sehr offen sind und großes Vertrauen haben, jedoch keine Spur von Entschlossenheit – wenn Sie das Gefühl haben, dies sei nicht der richtige Zeitpunkt oder Sie nicht die richtige Person –, dann wird nichts geschehen.

Die meisten Menschen verfügen über ein ausreichendes Maß an diesen drei Zutaten, um anfangen zu können. Fast alle Menschen haben gewisse Zweifel darüber, wer sie wirklich sind oder wie sie leben wollen. Die meisten von uns glauben in irgendeiner Form an die Einheit allen Lebens. Wir alle glauben, daß wir Einfluß auf das Leben aller Menschen haben, die wir kennen, und uns allen ist bekannt, daß wir in einer Biosphäre leben, in der alles mit allem verbunden ist. Und wir haben auch fast alle genügend Entschlossenheit, um zu erforschen, wie wir Zweifel auflösen und unser Vertrauen vertiefen können.

Am Anfang ist es nicht wichtig, wieviel wir von diesen Zutaten haben oder in welchem Verhältnis sie zueinander stehen. Entscheidend ist, daß alle drei vorhanden sind. Dem Zen-Koch reichen zu Anfang ein Körnchen Zweifel, eine Prise Vertrauen und eine Kelle Entschlossenheit.

Der dritte Gang

Rezepte für den Broterwerb

6

Die Greyston-Bäckerei

*A*ls Pai-Chang, einer der frühen Zen-Meister, schon alt und krank war, ging er immer noch jeden Tag mit seinen Schülern auf die Felder. Die Schüler versuchten ihn von der schweren Feldarbeit abzubringen, doch ohne Erfolg. Schließlich versteckten sie Pai-Changs Hacke, so daß er nicht mehr arbeiten konnte. Daraufhin sagte Pai-Chang nur: »Ein Tag ohne Arbeit ist ein Tag ohne Essen«, und weigerte sich so lange, etwas zu essen, bis er seine Hacke zurückbekam.

Der Hauptgang

Als wir von Los Angeles nach New York umzogen, bot man uns eine stattliche alte Villa in Riverdale, einem exklusiven Teil der Bronx, zum Kauf an.

Zuerst wollte ich das Gebäude nicht kaufen, weil uns die kleine Wohnung, die wir gemietet hatten, eigentlich reichte. Doch viele hielten es für eine gute Idee, darunter auch mein Lehrer. Ihm gefiel der Eindruck der Stabilität, den die Villa vermittelte, und er war der Meinung, es würde dem Ansehen von Zen in den USA dienen, wenn wir diese Villa kaufen würden. Greyston – so hieß das Haus – stand auf einem circa 10000 Quadratmeter großen, wunderschönen Parkgrundstück mit einem herrlichen Ausblick auf den Hudson River. Das Haus war 1863 als Sommerresidenz der Familie Dodge erbaut worden. Entworfen hatte es der damals bekannte Architekt James Renwick Jr., von dem auch die Pläne für das Smithsonian Institute, die Grace Church und die St. Patrick's Cathedral stammten.

Natürlich war es mit der Stabilität unserer Zen-Gemeinschaft nicht so weit her. Wir hatten das Gebäude mit Hilfe von Spenden gekauft und lebten von Spenden und den Einnahmen aus Seminaren und Meditationskursen. Viele spirituelle Gemeinschaften machen das so. Doch sind die Zen-Buddhisten seit der Zeit Pai-Changs davon überzeugt, daß es unerläßlich ist, ganz gewöhnliche Arbeit zu verrichten.

Der Gang des Broterwerbs

Wir leben nicht, um zu essen, sondern wir essen, um zu leben. Ebenso soll unser Lebensunterhalt uns ermöglichen zu leben und nicht umgekehrt.

Wenn wir für unseren Lebensunterhalt sorgen, garantiert uns das physisches Überleben. Dieser Gang ist der Hauptbestandteil im Mahl unseres Lebens: Fleisch und Kartoffeln, Reis und Bohnen. Er ist nicht das ganze Essen, und er ist auch nicht unbedingt der wichtigste Teil davon, aber ohne ihn hätten wir nicht die Kraft und die Energie, um das Festmahl zuzubereiten und zu genießen, weder für uns selbst noch für andere.

Der Lebensunterhalt dient vor allem der Sicherung unserer körperlichen Bedürfnisse. Wir müssen genug Geld verdienen, um uns selbst und unsere Familie oder unsere Gemeinschaft zu ernähren. Außerdem müssen wir auch für Notzeiten etwas auf die Seite legen.

Arbeit bereichert unser Leben nur, wenn sie für uns mehr ist als eine Möglichkeit, um Geld zu verdienen. Der Broterwerb muß auch mit den übrigen Gängen in Verbindung stehen. Wenn ihm die spirituelle Dimension, die Dimension des Studiums oder die des sozialen Engagements fehlt – oder wenn er mit diesen anderen Dimensionen unvereinbar ist –, können wir unsere Arbeit nicht genießen, und dann fühlen wir uns irgendwann unterernährt und ausgebrannt.

In der buddhistischen Tradition ist die »rechte« Einstellung beim Erwerb des Lebensnotwendigen der fünfte Aspekt des Achtfachen Pfades, den der Buddha lehrte. Die acht Aspekte oder Pfade sind: rechte Sichtweise, rechte Absicht, rechte Rede, rechtes Handeln, rechter Broterwerb, rechte Bemühung, rechte Achtsamkeit und rechte Meditation. Nach der Lehre des Buddha ist der wichtigste Aspekt des rechten Broterwerbs, daß wir durch die Arbeit, die wir zur Sicherung unseres Lebensunterhalts verrichten, niemandem schaden. Einige meinen sogar, rechter Broterwerb müsse unmittelbar der Beseitigung allen Leidens dienen. Doch verursacht nun einmal jeder Beruf und jedes Unternehmen irgendwelches Leiden oder irgendwelchen Schaden. So mußten zum Beispiel einige Bäume gefällt werden, damit dieses Buch hergestellt werden konnte. Rechter Broterwerb beinhaltet meiner Meinung nach, daß wir versuchen, durch unsere Arbeit möglichst *wenig* Leiden oder Schaden zu verursachen.

Doch kann rechter Broterwerb für den Zen-Koch noch wesentlich mehr bedeuten. Dies ist der Gang des Großen Mahls, der alle anderen Aspekte unseres Lebens überhaupt erst ermöglicht.

Deshalb muß rechter Broterwerb die spirituelle Dimension einschließen. Er sollte von der ich-zentrierten Haltung weg zur Erkenntnis unserer Verbundenheit mit allen und allem hinführen.

Beispielsweise dachten viele bei der Arbeit in unserer Bäckerei am Anfang nur an sich. Um ihnen eine Ahnung von der Abhängigkeit aller Faktoren des Lebens voneinander zu vermitteln, stellten wir Teams zusammen, die entsprechend ihrer Gesamtleistung bezahlt wurden. Wenn ein Teammitglied seine Arbeit noch nicht so gut beherrschte, lag es im Interesse der übrigen Mitglieder, dem Betreffenden die notwendigen Fähigkeiten beizubringen, weil dadurch die Gesamtleistung des Teams verbessert wurde und alle mehr verdienten. So lernten die Mitarbeiter, nicht nur an die Verbesserung ihrer eigenen Situation zu denken. Zwar war auch für die einzelnen Teams die Höhe ihres Verdienstes noch wichtig, aber zumindest waren alle, die einer Gruppe angehörten, gezwungen, *zusammen* ein möglichst gutes Ergebnis zu erzielen. So kamen unsere Arbeiter der Erkenntnis ein wenig näher, daß alle Menschen und Dinge voneinander abhängig und miteinander verbunden sind, und sie konnten von dieser Stufe aus weitere Schritte in die gleiche Richtung machen.

Rechter Broterwerb sollte natürlich auch den Faktor Studium und Lernen berücksichtigen. Er muß die Möglichkeit bieten, neue Fähigkeiten zu entwickeln, und uns Gelegenheit geben, unser Wissen zu erweitern.

Und rechter Broterwerb sollte auch in irgendeiner Form mit sozialem Bewußtsein und Engagement verbunden sein. Er sollte dem Wohl aller dienen.

Die Suche nach dem rechten Broterwerb

Ob es sich bei einer Tätigkeit um rechten Broterwerb handelt, hängt nicht nur davon ab, welcher *Art* von Arbeit wir nachgehen, sondern entscheidend ist, *wie* wir arbeiten.

Manche Menschen wissen genau, welche Art von Broterwerb für sie die beste ist oder welche Art von Unternehmen sie aufbauen wollen. Bei uns war das nicht so.

Deshalb schrieben wir zunächst einmal auf, welche Bedürfnisse unsere Arbeit erfüllen sollte. Diese Liste wurde für uns zum »Kochrezept«. Natürlich hat jeder Mensch andere Bedürfnisse, andere Zutaten zur Verfügung und einen anderen Geschmack, und deshalb ist auch das Rezept für den rechten Broterwerb bei jedem anders. Allerdings ähneln sich die Bedürfnisse vieler Menschen. So kamen wir zu folgendem Ergebnis:

Wir wollten ein Unternehmen aufbauen, das sich mit unseren Werten vereinbaren ließ. Als Gemeinschaft von Zen-Buddhisten wollten wir nichts mit Dingen zu tun haben, die dem buddhistischen Verständnis des rechten Broterwerbs eindeutig widersprachen. Wir wollten nichts produzieren, was anderen Menschen schadete.

Auf der spirituellen Ebene sollte die Tätigkeit unsere berufliche Kompetenz, unsere persönliche und spirituelle Entwicklung fördern.

Weiterhin sollte unser Unternehmen so entwicklungsfähig sein, daß es auch einer größeren Gemeinschaft als Lebensgrundlage dienen konnte.

Unter dem Aspekt des Studiums betrachtet, sollte es möglich sein, Zen-Schüler ohne berufliche Vorkenntnisse anzulernen. Deshalb kamen Unternehmen, für die wir in erster Linie Spezialisten mit einer langwierigen Ausbildung gebraucht hätten, für uns nicht in Frage. Ein medizinisches Behandlungszentrum oder eine Anwaltspraxis hätten wir nicht eröffnen können.

(In Los Angeles hatten wir ein medizinisches Zentrum gründen können, weil ein Mitglied der dortigen Zen-Gemeinschaft Arzt war.)

Was das soziale Engagement betraf, hatten wir uns zum Ziel gesetzt, daß unser Betrieb möglichst vielen Menschen Arbeit geben sollte.

Und natürlich sollte das Unternehmen einen möglichst guten Ruf haben. Unsere Produkte und unsere Arbeit sollten in ihrem Bereich ein leuchtendes Beispiel sein.

Wer dir helfen kann

Nachdem wir unsere Vorstellungen formuliert hatten, stellten wir eine Liste von kommerziellen Aktivitäten zusammen, die unseren Kriterien entsprachen. Sie enthielt etwa 25 Möglichkeiten.

Am naheliegendsten waren Projekte, mit denen wir schon in Los Angeles Erfahrungen gesammelt hatten. Wir hatten dort neben dem medizinischen Behandlungszentrum eine Firma für Gartengestaltung und einen Verlag aufgebaut. Außerdem hatten wir auch einige Erfahrung mit Renovierungsarbeiten, weil wir in einem Wohnblock in der Nähe unseres Meditationszentrums Mietshäuser gekauft und renoviert hatten. Dazu kamen natürlich unsere Erfahrungen im typischen »Zen-Geschäft« – in der Durchführung von Meditationskursen, Workshops und Konferenzen.

Doch das Naheliegende ist immer nur der Anfang. Wir überlegten auch, mit welchen schon existierenden Unternehmen sich eine Zusammenarbeit anbot, wobei wir in erster Linie an Unternehmen anderer Zen-Gemeinschaften dachten. Natürlich kam uns als erstes der Gedanke an eine Zusammenarbeit mit dem San Francisco Zen Center. Diese Gemeinschaft baut auf der Farm Green Gulch biologisches Gemüse, Blumen und Kräuter an und verkauft sie in einem Gemüseladen. Außerdem betreibt das Zentrum ein vegetarisches Feinschmeckerlokal. Letzteres war so beliebt, daß man dort Monate im voraus einen Tisch reservieren mußte, um überhaupt hineinzukommen. Auch die Tassajara-Brotbäckerei gehört zu den Wirtschaftsunternehmen des Zentrums. Sie war entstanden, weil Gäste und Schüler des Tassajara Zen Mountain Center das selbstgebackene Brot der Gemeinschaft so sehr schätzten, daß sie es kauften und nach Hause mitnahmen. *Das Tassajara Brotbuch*, in dem die Bäckerei einige ihrer Rezepte veröffentlicht hatte, war in den siebziger Jahren in Amerika ein Bestseller.

Wir dachten über die unterschiedlichen Möglichkeiten nach, kehrten aber mit unseren Gedanken immer wieder zur Idee einer Bäckerei zurück. Zum einen schien eine Bäckerei unter allen Möglichkeiten, mit denen wir uns beschäftigt hatten, den besten Gewinn zu versprechen, und zum anderen konnte man darin auch ungelernte Mitarbeiter beschäftigen.

Abgesehen davon, fühlte sich die Idee, eine Bäckerei zu gründen, einfach irgendwie »richtig« an. Wenn ich daran dachte, breitete sich in mir ein angenehmes Gefühl aus. Wir fanden auch, daß eine Bäckerei ausgezeichnet zum Wesen des Zen paßte. In Amerika Brot zu backen, so schien es uns, war so, wie in China Reis anzubauen. Reis und Brot sind beides Getreideprodukte, Grundnahrungsmittel, von denen sich ganze Völker ernähren.

Das Backen hatte auch noch einen anderen Vorteil: Bäcker müssen über viele Eigenschaften verfügen, die wir in unserer Zen-Praxis zu entwickeln versuchen: Sorgfalt im Detail, Achtsamkeit und die harmonische Zusammenarbeit aller Beteiligten.

Was du weißt

Um ein Unternehmen zu gründen, braucht man nicht schon vorher alle Einzelheiten perfekt zu beherrschen. Wichtiger ist, daß man sich den Anfängergeist zu eigen macht, eine Haltung geistiger Offenheit und Frische.

Die Details kann man alle im Lauf der Zeit von anderen Menschen lernen, die sie bereits beherrschen. Und wir hatten ja das Glück, eine andere Zen-Gemeinschaft zu kennen, die selbst eine Bäckerei betrieb und auch bereit war, uns ihren Erfahrungsschatz zur Verfügung zu stellen.

Man braucht allerdings auch nicht gleich aufzugeben, wenn man keine Gleichgesinnten kennt, auf deren Hilfe man zählen kann. Freunde, Verwandte und Bekannte verfügen oft ebenfalls über wichtige Informationen und sind bereit zu helfen. Und wenn das, was man aus diesen Quellen erfährt, noch nicht ausreicht, kann man sich durch Fachzeitschriften, Fachtagungen und Fachmessen Kontakte und Informationen beschaffen. Die meisten Menschen sprechen gern über ihre Arbeit, weil sie dann ihre Kenntnisse unter Beweis stellen können – und wenn man sie auf ein Bier oder zum Essen einlädt, tun sie das besonders gern.

Schau dich um

Wir schickten vier Mitglieder unserer Gemeinschaft für einen Monat nach San Francisco, wo sie lernen sollten, wie man backt und wie man einen Betrieb leitet. Da unsere Freunde in der Tassajara-Brotbäckerei uns so großzügig halfen, lernten wir in diesem einen Monat ziemlich viel. Nach der Rückkehr unseres Teams fingen wir an, Pläne zu schmieden.

Die Bäckerei in San Francisco verkaufte ihre Produkte größtenteils direkt an die Verbraucher und betrieb außerdem ein Café. Doch weil die Situation in New York völlig anders war als in San Francisco, wollten wir nicht nur einen eigenen Laden eröffnen, sondern unsere Produkte auch an Wiederverkäufer liefern. Wir rechneten aus, wieviel Gewinn wir machen wollten und wie viele von uns sich für eine längere Zeit zur Mitarbeit in der Bäckerei verpflichten mußten, damit wir einen solchen Betrieb aufbauen konnten. Sechs Zen-Studenten erklärten sich bereit, drei Jahre am Aufbau der Bäckerei mitzuwirken.

Es gibt nichts anderes als Details

Wenn man ein Unternehmenskonzept entwickelt, muß man das Gesamtbild im Blick haben. Man muß wissen, worauf man hinarbeitet.

Außerdem muß man eine Vorstellung davon haben, wie das angestrebte Ziel zu erreichen ist. Und dazu muß man sich intensiv mit den Details beschäftigen. Als wir die Küche des Zen-Zentrums in Los Angeles umbauten, schaute Maezumi Roshi einmal vorbei und fragte, ob die Arbeit gut voranginge. Einer der Schreiner antwortete stolz: »Wir sind fast fertig. Es sind nur noch ein paar Details zu erledigen.«

Als der Roshi das hörte, sagte er schockiert: »Es gibt nichts anderes als Details!«

Was er damit meinte, hat er auch noch auf eine andere Weise formuliert: »Kleinigkeiten sind nicht klein.«

Produktions- und Verkaufskonzepte müssen ständig abgeändert werden, weil das Leben immer wieder unvorhersehbare Wendungen nimmt und niemand in allen Einzelheiten voraussehen kann, was die Zukunft mit sich bringen wird. Trotzdem ist ein Unternehmenskonzept, das sich nicht so eingehend wie möglich mit den Details befaßt, wertlos.

Sei aufmerksam

Mißerfolge entstehen meist nicht, weil zuwenig Geld vorhanden ist, sondern durch Mangel an Aufmerksamkeit – weil nicht genug darauf geachtet wird, was in einem Unternehmen konkret vor sich geht.

Aufmerksamkeit bringt uns immer wieder zurück in die Gegenwart, zu den Details jedes einzelnen Augenblicks. Gewahrsein dagegen ist die Wahrnehmung der Situation in ihrer Gesamtheit. Gewahrsein ist eine Erweiterung des Blickwinkels der Aufmerksamkeit auf 360 Grad.

Die Vorbereitungen für die Gründung unserer Bäckerei nahmen ein ganzes Jahr in Anspruch: Bäcker mußten ausgebildet werden, wir mußten uns über die besten Werkzeuge und Maschinen sowie über den Markt und die Preise informieren, ein Gebäude entdecken und renovieren, einen Mitarbeiterstamm finden, und natürlich mußte das Unternehmen finanziell abgesichert werden.

Verschaffe dir Klarheit über die Kosten

Zum Aufbau eines Unternehmens gehört natürlich auch, daß man sich einen genauen Überblick über die anfallenden Kosten und die zu erwartenden Einnahmen verschaffen muß. Und man muß genau wissen, *wann* die Ausgaben anfallen und die Einnahmen zu erwarten sind. Es muß festgestellt werden, wann man selbst Rechnungen bezahlen muß und wann Geld von den Kunden kommt.

Weiterhin muß ständig verfolgt werden, welche Produkte Geld einbringen und welche nicht. Auch über indirekte und verborgene Kosten muß Klarheit bestehen. Kurz gesagt: Man muß sich um die vielen wichtigen Details kümmern, die den Alltag eines Wirtschaftsunternehmens prägen.

Bei der Entwicklung unseres Unternehmenskonzepts mußten wir die Kosten unserer Arbeit, unserer Rohmaterial-Vorräte und unserer Gerätschaften kalkulieren – der Kühlräume, der Backöfen und einer Spülmaschine für die Säuberung der Backformen. Und wir mußten die Ausgaben für Miete, Telefon, Versicherung, Rechtsberatung und Verpackungsmaterial berechnen. In unserem Marketing-Konzept setzten wir uns damit auseinander, welche Vorteile der Direktverkauf, welche der Verkauf an Wiederverkäufer und welche die gleichzeitige Nutzung beider Verkaufswege hatten.

Aufmerksamkeit ist überall ein wichtiger Faktor, im Privatleben ebenso wie in einem Unternehmen.

Woher kam das Geld?

Diese Frage wird immer wieder gestellt, wenn ich Vorträge über unsere Arbeit halte.

Die Antwort ist sehr einfach: Wir haben es uns geliehen.

So fangen die meisten Unternehmen an. Wir liehen uns das Geld von einem wohlhabenden Mitglied unserer Gemeinschaft. Banken geben neu gegründeten Unternehmen oft keinen Kredit. Man muß also eine Privatperson – einen Freund, einen Verwandten oder einen Risiko-Investor – überzeugen, daß das, was man vorhat, gute Erfolgschancen hat. Deshalb sollte man genügend Zeit auf Marktrecherchen und die Erstellung eines Marketing-Konzepts verwenden. Wir liehen uns zunächst etwa 300000 Dollar. Das schien uns am Anfang eine Menge Geld zu sein. Doch stellte sich heraus, daß diese Summe nicht einmal annähernd ausreichte.

Brot oder Kuchen

Ursprünglich hatten wir vorgehabt, uns auf die Herstellung von gutem Vollkornbrot zu spezialisieren, weil wir das für »Zen-gemäß« hielten.

Doch als ich mir die Verkaufszahlen der Tassajara-Brotbäckerei genauer ansah, stellte ich zu meiner Überraschung fest, daß die meisten Menschen zwar in eine Bäckerei gehen, um Brot zu kaufen, jedoch, wenn sie erst einmal dort sind, selten der süßen Versuchung widerstehen können. Darüber sprach zwar niemand, aber so war es. Das größte Geheimnis der Tassajara-Brotbäckerei war, daß sie durch den Verkauf von süßen Backwaren am meisten verdiente!

Trotzdem blieben wir zunächst bei unserem Vorhaben, hauptsächlich Brot zu backen. Mir persönlich schmeckte unser Zwiebel-Kartoffel-Brot am besten. Außerdem backten wir das beste Challah, das ich je in meinem Leben gegessen habe – und ich habe sehr viel Challah gegessen. Unsere gesamte Challah-Produktion war immer ausverkauft. Und wir produzierten auch ein köstliches Schwedisches Roggenbrot, das wir an den Russian Tea Room verkauften.

Doch stellte uns die Brotproduktion vor unerwartete Probleme. Wie die meisten Bäckereien backten auch wir nachts und lieferten das Brot tagsüber aus. In der Zen-Gemeinschaft in Riverdale lebten damals etwa dreißig Personen, von denen etwa zwei Drittel in der Bäckerei arbeiteten und der Rest tagsüber außerhalb der Gemeinschaft. Die Bäcker arbeiteten nachts, die Fahrer und Vertreter und das Büropersonal tagsüber – ebenso wie diejenigen, die außerhalb unserer Gemeinschaft tätig waren.

Wir gaben uns größte Mühe, die Arbeit so zu organisieren, daß jeweils die Hälfte von uns nachts arbeitete und die andere Hälfte tagsüber. Anfangs glaubte ich, daß das irgendwie gehen würde. Doch diese Teilung war nicht gut für unsere Gemeinschaft. Die Kommunikation, die der Lebensquell jeder Gemeinschaft ist, litt darunter, daß die Hälfte von uns tagsüber schlief, während die andere Hälfte arbeitete.

Außerdem stellte sich heraus, daß wir mit unserer Brotproduktion, als sie einen bestimmten Umfang erreicht hatte, zu großen Firmen mit vielen Filialen in Konkurrenz traten. Bei Gebäck- und Kuchenspezialitäten sah die Situation völlig anders aus, weil wir diese Produkte an Spezialitätengeschäfte verkaufen konnten. Daß die Herstellung von Gebäck so arbeitsintensiv ist, ist für viele etablierte Unternehmen ein Nachteil, kam uns jedoch geradezu entgegen, weil es uns eine gute Gelegenheit zur Arbeitspraxis im Sinne des Zen bot.

Wir fingen also an, nachts in der Küche unseres Hauses für die Produktion von Torten und Gebäck zu experimentieren. Wir stellen Brownies, Coffee-Cakes, Linzer Torte, Ahorn-Walnuß-Plätzchen und Mohnkuchen her. Das ging so weit, daß die Mitglieder unserer Gemeinschaft klagten, sie würden durch die köstlichen Düfte von der Meditation abgelenkt! Natürlich hatten wir andererseits keinen Mangel an Freiwilligen, die bereit waren, die Resultate unserer Experimente zu überprüfen.

Leider bewahrheitet sich auch in diesem Fall der Satz, daß man es nie allen recht machen kann. Was Sie auch tun, es gibt immer Menschen, die dem, was Sie tun, positiv gegenüberstehen, und andere, die etwas dagegen einzuwenden haben. Als wir beschlossen, den

Schwerpunkt unserer Produktion auf Gebäck zu verlagern, meinten einige, dies sei nicht mit rechtem Broterwerb im buddhistischen Sinn zu vereinbaren. Gebäck erfülle nicht die Grunderfordernisse einer gesunden Ernährung, es enthalte zuviel Zucker und sei außerdem ein Luxus für Reiche.

Natürlich ist manchmal schwer zu sagen, was rechter Broterwerb ist und was nicht. Menschen haben sehr unterschiedliche Vorstellungen darüber, was schädlich ist. Beispielsweise sind viele, die in der Waffenherstellung arbeiten, davon überzeugt, daß sie durch ihre Arbeit dem Erhalt des Friedens dienen. Und was das Gebäck angeht, so ißt nun einmal ein großer Teil der Bevölkerung gern Gebäck, darunter auch ich. Ich war der Meinung, wenn wir köstliche Torten und Plätzchen ausschließlich aus natürlichen Zutaten herstellten, so würden wir damit allen Menschen helfen, die gern süßes Gebäck essen.

Sei bereit zu experimentieren

Als unsere Bäckerei den Betrieb aufnahm, waren alle, die dort arbeiteten, Zen-Schüler. Später stellten wir zeitweise auch ausgebildete Bäcker ein, die nichts mit Zen zu tun hatten. Da wir irgendwann mit unseren Fähigkeiten allein nicht mehr weiterkamen, brauchten wir Fachleute, die uns tiefer in die Geheimnisse des Bäckerhandwerks einweihen konnten.

Natürlich war die Zusammenarbeit mit ausgebildeten Bäckern nützlich, aber es stellte sich auch heraus, daß einer der Gründe für unseren Erfolg gerade darauf beruhte, daß wir *keine* richtige Ausbildung als Bäcker hatten. Da uns fundierte Kenntnisse über das Backen fehlten, hatten wir Dinge erfunden, die Fachleuten nie in den Sinn gekommen wären. So war es uns gelungen, einige Dinge neu zu entwickeln, die bisher in der Branche völlig unüblich gewesen waren. Darauf beruhte unser Erfolg.

Auch das Aussehen und die Verpackung unseres Gebäcks war uns sehr wichtig, und wir waren sehr stolz darauf. Darin spiegelten sich unsere Zen-Schulung und die japanischen Ideale von Schönheit und Harmonie. Das Aussehen von Speisen, das ästhetische Element, ist für Japaner sehr wichtig.

Unsere Bereitschaft zu experimentieren und unser Sinn für das Äußere von Dingen erwiesen sich also als Vorteile. Und weil außerdem auch unsere Produkte einzigartig waren, kamen immer mehr Kunden zu uns.

So meldete sich eines Tages ein Berater der Firma Godiva Chocolatier, der auf der Suche nach einem Lieferanten für den Weihnachtskatalog von Godiva war.

Eines der beliebtesten Produkte, die wir für Godiva herstellten, wurde eine Schokoladentorte, die wir durch Abwandlung eines Rezepts der Tassajara-Brotbäckerei entwickelten. Das Ergebnis war köstlich und außergewöhnlich.

Damals hatten wir einen ausgebildeten Bäcker engagiert, der uns helfen sollte, unsere Produktion effizienter zu organisieren. Er empfahl uns ein paar Änderungen an der Schokoladentorte. Prompt kam von der Firma eine Nachfrage, ob wir irgend etwas an unserem Rezept geändert hätten. Sie fanden das Produkt zwar immer noch gut, aber es war nun in ihren Augen nur noch eine herkömmliche gute Schokoladentorte, also nichts Besonderes mehr. Deshalb kehrten wir wieder zu unserem ursprünglichen »nicht-professionellen« Rezept zurück und behielten den Auftrag.

Experten können nützlich sein, und für bestimmte Dinge sind sie sogar unverzichtbar. Es besteht aber die Gefahr, daß sie ein originelles Produkt durch »Professionalisierung« mit anderen Produkten vergleichbar machen, so daß es seinen ursprünglichen Vorteil der nicht-professionellen Originalität verliert. Wir mußten also lernen, bei unserer Originalität, bei unserem besonderen Stil zu bleiben, obwohl wir hin und wieder die Hilfe von Fachleuten in Anspruch nahmen.

Backen wie in alten Zeiten

Die meisten Bäckereien arbeiten heute mit fertigen Backmischungen. Man öffnet eine Schachtel, schüttet den Inhalt in einen großen Topf, fügt eine bestimmte Menge Wasser hinzu und läßt das Ganze drei Minuten backen – alles genau nach der Gebrauchsanweisung.

Da die fertige Backmischung alle möglichen Zusatz- und Konservierungsstoffe enthält, ist das Resultat unter beliebigen äußeren Bedingungen immer gleich.

In der Greyston-Bäckerei hingegen benutzen wir keine fertigen Backmischungen und auch keine Konservierungs- und Zusatzstoffe, sondern nur natürliche Zutaten. Die meisten Bäckereien verwenden beispielsweise Eipulver, weil es viel billiger und leichter zu verarbeiten ist als frische Eier. Man braucht nur die auf der Packung angegebene Menge Wasser hinzuzufügen. Wir haben uns jedoch entschieden, nur frische Eier zu verwenden.

Bei unserer Arbeitsweise können wir nicht einfach stur nach einer Gebrauchsanweisung eine bestimmte Menge Wasser verwenden, sondern wir müssen uns auf die jeweilige Situation einstellen. Beispielsweise kann es ein heißer Tag sein, die Luftfeuchtigkeit kann höher sein als gewöhnlich, das Mehl kann feiner oder grober gemahlen und der Weizen zu verschiedenen Jahreszeiten geerntet worden sein. Da wir nicht mit Fertigmischungen arbeiten, müssen unsere Mitarbeiter im Lauf des Produktionsprozesses immer wieder Prüfungen vornehmen – indem sie beispielsweise den Teig probieren und seine Konsistenz kontrollieren.

Bäcker, die lernen, auf diese Weise zu arbeiten, werden echte Bäcker. Unsere Bäcker können unter beliebigen Bedingungen arbeiten, und weil sie so flexibel sind, finden sie in den besten Restaurants und Hotels Arbeit.

Fertige Backmischungen zu verwenden ist so, als würde man sich im Leben an starren »Lebensweisheiten« orientieren, also nicht an individuellen Ratschlägen, die sich auf eine bestimmte Situation beziehen, sondern an feststehenden Leitsätzen, die irgendwer irgendwann einmal aufgestellt und als allgemeingültig bezeichnet hat. Ebenso wie Produkte aus vorgefertigten Backmischungen können auch Standard-Lebensweisheiten »echt« wirken, doch sind sie weder frisch noch nahrhaft und schmecken auch nicht besonders gut. Die meisten Menschen, die anderen Menschen Rat geben, verwenden fertige »Zutatenmischungen« oder versuchen, ihnen bestimmte klischeehafte Verhaltensweisen nahezulegen.

Echte Weisheit zielt auf die Auflösung unserer erworbenen Verhaltensmuster, damit wir lernen, Lösungen zu finden, die der konkreten Situation entsprechen. Echte Weisheit hilft uns, aus unseren eigenen Zutaten ein köstliches Mahl zu bereiten.

Wenn Menschen meditieren, so hilft ihnen das, ihre eigenen Zutaten, ihre eigene Weisheit zu finden. Deshalb gebe ich denjenigen, die mich um Rat bitten, nie konkrete Ratschläge darüber, wie sie sich verhalten sollen, sondern ich rate ihnen zu meditieren.

Benutze Zutaten aus der Umgebung,
in der du lebst

Nachdem die Tassajara-Bäckerei uns großzügig all ihre Rezepte zur Verfügung gestellt hatte und wir in New York selbst anfingen zu backen, merkten wir, daß wir die Rezepte abwandeln mußten, weil die Zutaten, die wir in New York bekamen, fast alle andere Eigenschaften hatten als die in San Francisco. Beispielsweise war das Wasser in New York völlig anders als in San Francisco, und auch das Mehl reagierte beim Backprozeß völlig anders.

Regionale Zutaten entsprechen den lokalen Gegebenheiten. Sie sind immer schmackhafter und billiger als Zutaten, die aus der Ferne herangeschafft werden müssen. Außerdem unterstützt man durch Verwendung der Zutaten aus der Region das Gemeinwesen, in dem man lebt, und bringt zum Ausdruck, daß man sich als Teil des Ganzen fühlt. Und wenn einmal etwas schiefläuft, weiß man, an wen man sich wenden kann. Aus all diesen Gründen schaut der Zen-Koch immer zuerst, was in seinem eigenen Garten beziehungsweise vor seiner eigenen Haustür wächst.

Wie man verkauft

Als wir anfingen, uns über unsere Verkaufsmöglichkeiten zu informieren, durchsuchten wir zuerst das Telefonbuch nach potentiellen Kunden und lasen Zeitungen und Fachzeitschriften. Dann zählten wir die Naturkostläden und Spezialitätengeschäfte im Umkreis von zehn, zwanzig, dreißig, vierzig und fünfzig Meilen. Als nächstes gaben wir die Adressen aller interessant erscheinenden Restaurants, Spezialitätengeschäfte, Catering-Firmen und Kaufhäuser in unsere Datenbank ein. Und schließlich riefen wir alle potentiellen Kunden an und vereinbarten mit ihnen Akquisitionsbesuche.

Unsere ersten Produkte waren Muffins, Scones und ein paar Torten. Wir begannen im November 1982 mit den Akquisitionsbesuchen, um noch vom bevorstehenden Weihnachtsgeschäft zu profitieren. Mitglieder unserer Gemeinschaft, die Autos besaßen, fuhren unsere Vertreter zu den Terminen. Unsere ersten Warenmuster waren in einer hübschen roten Schachtel mit einem Spitzendeckchen verpackt. Das erste Geschäft, das wir besuchten, war Neiman Marcus in White Plains. Den Inhabern gefiel die Verpackung auf den ersten Blick. Als sie dann unsere Produkte probiert hatten und sehr davon angetan waren, hatten wir unseren ersten Kunden. Als nächstes besuchten wir Bloomingdale's, die ebenfalls begeistert waren und sofort zugriffen. Die Zeit der Vorbereitung und Planung war vorüber. Das Geschäft lief an.

Im Januar 1983, nach etwas mehr als einem Jahr, hatten wir 45 Kunden in Westchester und Manhattan. Im

August 1984 kam Macy's in Stamford dazu. Inzwischen war die Zahl unserer Kunden auf hundert angewachsen, und wir verkauften wöchentlich Waren im Wert von 12000 bis 15000 Dollar. Etwa ein Viertel dieser Summe erwirtschaftete ein Café mit Direktverkauf, das wir mittlerweile eröffnet hatten.

*Sei dir über die Herkunft
deiner Zutaten im klaren*

Wir sollten ständig vor Augen haben, woher unsere Zutaten stammen. Vielleicht denken wir anfangs nicht näher darüber nach. Wir beziehen unsere Rohstoffe ganz einfach von einem Großhändler oder aus einem Laden – wie das Trinkwasser, das für viele einfach aus dem Wasserhahn kommt.

In den Zutaten, die wir zum Leben oder zum Erwerb unseres Lebensunterhalts brauchen, sind alle Elemente enthalten – Erde, Wasser, Feuer, Luft und Raum. All diese Elemente sind miteinander verbunden; jedes beeinflußt alle anderen. Weizen beispielsweise entsteht aus Erde, Regen und Sonne. Außerdem ist die menschliche Arbeit ein wichtiger Faktor bei seiner Entstehung: die Arbeit der Bauern, die den Weizen säen, die der Arbeiter, die ihn ernten und abpacken, die der Landmaschinenfahrer, der Verarbeiter, der Spediteure, der Werbefachleute und schließlich die der Ladenarbeiter und Kassierer, die ihn verkaufen.

Wenn wir uns dies bewußt machen, erkennen wir, daß alles, was wir tun, so unwichtig es uns auch zunächst erscheinen mag, sich auf die Umwelt, unsere Kinder, unsere Großenkel und alle zukünftigen Generationen auswirkt. Dogen wußte das nur zu gut. Ein Fluß hinter Eiheiji, dem Zen-Tempel, den er in Japan begründete, enthielt Wasser im Überfluß, da er von Bergbächen und Wasserfällen gespeist wurde. Trotzdem goß Dogen, wenn er aus diesem Fluß mit einem Eimer Wasser schöpfte, jeweils die Hälfte wieder in den Fluß zurück – für zukünftige Generationen. Deshalb wird dieser Fluß auch heute noch »Halb-Eimer-Fluß« genannt.

Unsere geheime Zutat

Rechter Broterwerb liegt im Herzen des Zen, weil es im Zen eine »geheime Zutat« gibt, die Zen-Buddhisten »Arbeitspraxis« nennen.

Sitzmeditation oder *Zazen* ist im Zen *eine* Art der Übung, nicht die einzige. Wir können auch während der Arbeit meditieren.

Bei der Sitzmeditation konzentrieren wir uns auf unseren Atem oder auf ein *Koan*. Bei der Arbeitspraxis, *Samu* genannt, konzentrieren wir uns auf die Arbeit. Wenn wir Gras mähen, mähen wir nur Gras. Wenn wir Geschirr abwaschen, waschen wir nur das Geschirr ab. Und wenn wir Daten in einen Computer eingeben, tun wir nur das.

Wenn wir vollständig auf unsere Arbeit konzentriert sind, gibt es für uns kein Ziel. Wir denken oder sagen dann nicht: »Wann ist diese Arbeit zu Ende?« Oder: »Ich arbeite, um Geld zu verdienen.« Wir arbeiten einfach und befinden uns dabei völlig im gegenwärtigen Augenblick.

Bei dieser Art zu arbeiten vergeuden wir keine Energie, indem wir uns Sorgen darüber machen, was wir in der Vergangenheit eigentlich alles hätten tun sollen, oder darüber, was wir in der Zukunft alles tun könnten. Vielmehr hilft uns unsere Arbeit, wenn wir sie als Meditationsübung nutzen, präsent zu bleiben und unsere Konzentration weiterzuentwickeln. Wenn wir so arbeiten, macht uns die Arbeit nicht müde, sondern wir gewinnen durch sie zusätzliche Energie und geistigen Frieden.

Unsere wichtigste Zutat

Wahrscheinlich war Zen die wichtigste Zutat in unseren Torten, Kuchen und Plätzchen. Doch machte gerade diese Zutat viele unserer Geschäftsfreunde und Berater nervös. Wir hatten unsere Bäckerei ursprünglich »Broterwerb der Zen-Gemeinschaft von New York« nennen wollen. Doch rieten uns die meisten Werbefachleute, das Wort Zen im Namen des Unternehmens nicht zu verwenden. Sie fürchteten, die Leute würden uns dann als religiöse Sekte abstempeln, und empfahlen uns deshalb, einen Namen wie »Hudson-Valley-Bäckerei«, »Riverdale-Bäckerei«, »Besseres Brot« oder »Backparadies« zu wählen. Wir hatten Hunderte von Namensvorschlägen vorliegen.

Schließlich überlegte ich mir, daß ich nichts mit Leuten zu tun haben wollte, die nichts mit uns zu tun haben wollten. Wir beschlossen, uns Greyston-Bäckerei zu nennen, und den Slogan »Der Broterwerb der Zen-Gemeinschaft von New York« malten wir auf alle unsere Lastwagen und druckten ihn auf alle Etiketten unserer Produkte. Es stellte sich heraus, daß die Werbeleute mit ihrer Einschätzung völlig falsch gelegen hatten, denn in jedem Bericht über uns – darunter auch in denjenigen im *Wall Street Journal* und in der *New York Times* – wurde unsere Verbindung zum Zen positiv erwähnt.

Man könnte daraus schließen, daß Einflüsse immer wechselseitig wirken. Die Bäckerei war aus unserer Zen-Praxis und aus der Idee der Arbeitspraxis und des rechten Broterwerbs entstanden. Doch andererseits hörten durch unser Unternehmen Hunderttausende von Menschen zum erstenmal etwas über Zen, die sonst vielleicht nie damit in Berührung gekommen wären.

Es ist immer am besten, ehrlich zu sagen, wer man ist und was man tut. Wenn Sie dann auf Menschen treffen, denen das, was Sie tun, nicht gefällt, haben Sie eine wunderbare Gelegenheit, mit ihnen darüber zu sprechen und ihre Ängste zu zerstreuen.

Ja, aber ist das Zen?

Tatsächlich kann man Zen ebensowenig definieren wie das Leben selbst. Wenn Menschen unsere Gemeinschaft besuchen und sie die Bäckerei und die soziale Arbeit sehen, fragen sie manchmal: »Ja, aber ist das Zen?«

»Ja, aber ist das Zen?« könnte man als die zeitgenössische Version eines *Koans* ansehen, dessen klassische chinesische Version lautet: »Was ist der Buddha?«

Es gibt keine »richtige« Antwort auf diese Frage. Doch alle authentischen Versuche, sie zu beantworten, laufen auf das gleiche hinaus. Eine berühmte überlieferte Antwort lautet beispielsweise: »Die Zypresse im Garten.« Der chinesische Zen-Meister Joshu antwortete: »Drei Pfund Flachs«, weil gerade drei Pfund Flachs vor ihm lagen. Wenn Joshu heute in unserer Bäckerei arbeiten würde, und jemand würde ihn fragen: »Was ist der Buddha?«, würde er wohl eine andere Antwort geben. Wahrscheinlich würde er um sich schauen und sagen: »Drei Pfund Fondant!«

7

Zeit und Geld

Zeit und Geld sind Hauptzutaten im Mahl unseres Lebens. Sie sind unverzichtbar. Niemand kann ohne sie auskommen.

Dennoch scheint an beidem ein ständiger Mangel zu bestehen. Immer wieder hört man Menschen sagen, ihnen fehle es an Zeit und Geld.

Wir Menschen haben unterschiedlich viel Geld, aber alle gleich viel Zeit: vierundzwanzig Stunden pro Tag. Trotzdem glauben wir oft, unsere Zeit reiche nicht, um all das zu erledigen, was wir für notwendig halten. Tatsächlich gibt es unendlich viele Dinge, die wir tun *könnten*. Wenn wir also meinen, wir müßten all dies tun, oder wenn wir uns zu viele Sorgen über all das machen, was wir *nicht* schaffen, leben wir ständig in dem Gefühl, wir hätten nicht genug Zeit. Wir lassen uns dann von der Zeit beherrschen.

Da die verfügbare Zeit nun einmal begrenzt ist, müssen wir Prioritäten setzen und das tun, was am jeweiligen Tag am wichtigsten ist. Gelingt uns das, so nutzen *wir* die Zeit, statt selbst von der Zeit benutzt zu werden.

Wenn wir bei einem großen Festessen einen vollen Teller vor uns haben, können wir ja auch nicht alles, was sich auf dem Teller befindet, gleichzeitig essen. Niemand würde sich deshalb hilflos oder deprimiert fühlen. Wir können einfach nicht alles in einem Bissen herunterschlingen. Genauso verhält es sich mit der Zeit: Wir müssen Entscheidungen treffen – das bringt das Leben nun einmal mit sich.

Zeit ist immer genug vorhanden. Auch wenn ich tatsächlich nicht viel Zeit habe, sollte mich das nicht vom Kochen abhalten. Vielleicht bringe ich nur eine Kleinigkeit zustande. Vielleicht reicht meine Zeit nur, um ein wenig Gemüse aus dem Garten zu holen und eine Suppe zu kochen. Das ist nicht das Entscheidende. Wenn wir die Zutaten nutzen, die uns in einer bestimmten Situation zur Verfügung stehen, so ist das immer in Ordnung.

Nur wenig zu haben bedeutet nicht, daß wir mit dem, *was* wir haben, nichts tun sollten. *Etwas* können wir immer tun. Und indem wir *etwas* tun, indem wir mit *etwas* beginnen, indem wir eine Geste in eine bestimmte Richtung machen, vermehren wir die verfügbare Zeit.

Wenn uns die vielen Dinge, die zu tun sind, über den Kopf wachsen, besteht die Gefahr, daß wir unsere knappe Zeit mit Sorgen über unseren Zeitmangel vergeuden. Wir hören unseren Geist pausenlos wiederholen: »Ich habe nicht genug Zeit! Ich schaffe das alles nicht.«

Das Gefühl, daß uns alles über den Kopf wächst, zeigt an, daß in unserem Leben eine Menge im Gang ist. Dadurch entsteht das Gefühl, daß die Zeit schneller vergeht. Ein wachsendes Unternehmen oder der Versuch, etwas gegen die Obdachlosigkeit zu tun oder alle fühlenden Wesen zu befreien – solche Dinge können Menschen *tatsächlich* leicht über den Kopf wachsen –, weil einfach unglaublich viel zu tun ist, wenn man sich so etwas vorgenommen hat.

Doch nur weil viel zu tun ist, muß uns die Arbeit nicht zwangsläufig über den Kopf wachsen. Wenn Sie merken, daß Sie die Übersicht verlieren, sollten Sie einfach eine Arbeit nach der anderen erledigen. Halten Sie einen Augenblick inne, und fragen Sie sich: »Was will ich mit der nächsten Stunde meines Lebens anfangen?«

Das ist nicht sonderlich kompliziert. Am Anfang eines Arbeitstages notiere ich mir auf einer Liste, was ich an diesem Tag erledigen will, und dann wähle ich unter diesen Punkten die wichtigsten aus und fange damit an.

Doch halte ich mich nicht sklavisch an diese Liste. Ich fühle mich nicht an sie gebunden. Sollte sich herausstellen, daß irgend etwas wichtiger ist als das, was ich aufgeschrieben habe, dann gebe ich dem den Vorrang. Einer der Gründe dafür, daß so viele Menschen meinen, sie hätten nicht genug Zeit, ist, daß sie sklavisch an dem festhalten, was sie sich für einen bestimmten Tag vorgenommen haben. Wenn dann plötzlich völlig andere Dinge in den Vordergrund treten, ist das für sie so verheerend wie ein Erdbeben! Vergessen Sie in solchen Situationen Ihre Liste, und tun Sie einfach, was getan werden muß.

Auch in dieser Hinsicht müssen wir vor allem einen klaren Blick behalten. Aber wie schaffen wir das? Der Zen-Koch widmet jeden Tag eine gewisse Zeitspanne einer spirituellen Übung, beispielsweise der Meditation, um Klarheit zu entwickeln und zu stärken.

Tritt dann etwas Neues, Unerwartetes ein, so ist er in der Lage zu entscheiden, ob die neu auftauchenden Anforderungen wichtiger sind als das, was für den betreffenden Tag eigentlich geplant war. Stellt sich heraus, daß es *nicht* wichtiger ist, so kann er sagen: »Entschuldigen Sie, ich verstehe, daß ..., aber was ich gerade tue, ist wichtiger.« Die Situation verändert sich ständig. Wenn ich etwas heute nicht erledigen kann, erledige ich es morgen oder übermorgen. Man kann immer nur einen Schritt vor den anderen setzen. Es gibt immer einen nächsten Tag.

Nicht genug Zeit

Immer wenn ich das Gefühl von absoluter Zeitnot habe, ist plötzlich ungeheuer viel Zeit vorhanden. Gerade kürzlich habe ich eine Phase erlebt, in der ich mehr getan habe als je zuvor in meinem Leben. Doch trotz der vielen Arbeit hatte ich noch die Muße, Pläne für völlig neue Projekte zu schmieden – ein Zentrum für Theater, Tanz und Konzerte, ein Café in der City von Yonkers, ein Aids-Hospiz und eine Begegnungs- und Seminarstätte für die interreligiöse Arbeit.

Vor einiger Zeit ist in Bhutan ein tibetischer Meditationsmeister namens Dilgo Khyentse Rinpoche im Alter von 84 Jahren gestorben. Dieser Mann hat in seinem Leben nie länger als drei Stunden pro Tag geschlafen und seine gesamte übrige Zeit darauf verwendet, anderen Menschen zu helfen. Er war immer für andere da. Er war nicht nur als Meditationslehrer tätig, sondern leitete außerdem ein großes Kloster, das im Grunde eine Schule für tibetische Kinder war, und außerdem arbeitete er noch an zahlreichen anderen Projekten mit. Doch um diese Art des Gebens zu erleben, braucht man nicht erst nach Asien zu reisen. Auch der verstorbene Reb Schneerson, der Lubovitzer Rabbi, der in Brooklyn lebte, empfing Tag und Nacht Besucher und schlief nur zwischen den einzelnen Gesprächen ein paar Minuten.

Menschen dieser Art sind keine Übermenschen, sondern ganz normale Leute. Doch offenbar haben sie jenen Punkt erreicht, der es ihnen ermöglicht, ihre gesamte Zeit anderen zu widmen. Wenn wir diesen Punkt finden, haben wir alle Zeit, die wir brauchen.

Je mehr Zeit wir dann geben, um so mehr Zeit haben wir.

Wie ist das möglich? Gewöhnlich besteht in unserem Leben eine Kluft zwischen dem, was wir eigentlich tun wollen, und dem, was wir tatsächlich tun – beziehungsweise zwischen dem, was wir gern hätten, und dem, was wir tatsächlich haben. Dadurch verlieren wir viel Zeit und Energie, und das wirkt sehr zermürbend. Weil der Geist etwas anderes will als das, was tatsächlich geschieht, schafft er die Illusion, daß es uns an Zeit fehlt oder daß uns die Zeit ausgeht.

Wenn es uns gelingt, die Kluft zwischen unseren Erwartungen und dem, was wir tatsächlich tun, zu beseitigen, fließt unsere gesamte Energie in unser Tun im Augenblick. Wir vergeuden sie nicht mehr auf Dinge, von denen wir glauben, wir *sollten* sie tun. Beim Erreichen dieses Punkts verschwindet plötzlich die Vorstellung von Zeit. Die Frage, ob wir nicht genug Zeit oder viel Zeit haben, spielt dann keine Rolle mehr. Die Vorstellung von Zeit, von Dauer und von einer verfügbaren Zeitspanne löst sich auf.

Diesen Punkt erreichen wir, indem wir unsere Aufmerksamkeit immer nur auf eine bestimmte Sache richten. Wenn wir etwas tun, dann tun wir *nur* das. So wie mein Zen-Lehrer Maezumi Roshi mir zu Beginn meiner Zen-Praxis sagte: »Wenn du gehst, dann gehst du.« So einfach und gleichzeitig so wirkungsvoll ist das.

Nicht genug Geld

Geld ist eine sehr knifflige Zutat. Genauso wie wir gewöhnlich glauben, wir hätten nicht genug Zeit, meinen wir meist auch, wir hätten nicht genug Geld.

Aber wieviel ist genug? Wieviel Geld brauchen wir wirklich?

Der Buddha erlaubte seinen Mönchen nicht, Dinge zu sammeln und zu horten. Für sie gab es kein finanzielles Polster und kein soziales Sicherheitsnetz. Es gab in jener Zeit auch keine Kühlschränke, um Nahrung aufzubewahren, und keine Banken, um Geld zu sparen. Die Mönche mußten jeden Morgen aufstehen, ins nächste Dorf gehen und um Essen bitten. Ihre Existenz hing von dem ab, was sie Tag für Tag taten. Jeden Tag mußten sie von vorn beginnen, einfach um ihren Lebensunterhalt zu sichern. Was immer sie zu essen bekamen, nahmen sie dankbar an und aßen es.

Wenn man so lebt, wird jeder Tag zu einem aufregenden Abenteuer, zu einer lebendigen Erfahrung. Man wird dann sehr wach und aktiv. Jede Selbstgefälligkeit verschwindet, und das ermöglicht ein Leben frei von Fesseln. In diesem Sinne arm zu sein, ist das reichste Leben, das ein Mensch führen kann.

Doch ist das etwas anderes als einfach ein Leben in äußerer Armut. Wenn wir im üblichen Sinne arm sind, sind wir immer hungrig; wir sind dann ständig von dem Gefühl erfüllt, wir hätten nicht genug zu essen, nicht genug anzuziehen und kein richtiges Dach über dem Kopf. Ein Leben im Luxus hingegen ist so, als würden wir ständig zuviel essen: Wir fühlen uns vollgestopft und aufgedunsen.

Der Zen-Koch vermeidet beide Extreme. Er folgt dem Mittleren Weg des Buddha. Was das Geld anbetrifft, meidet der Mittlere Weg die Extreme der Armut und des Luxus. Wer diesen Weg geht, versucht, auf angemessene Weise für den eigenen Lebensunterhalt zu sorgen. Wenn wir uns in unserem Leben an diesem Prinzip orientieren, kümmern wir uns um unsere Bedürfnisse, verfallen aber nicht der Gier. Wir bemühen uns, nur das zu kaufen oder zu produzieren, was wir tatsächlich brauchen, nicht mehr und nicht weniger. Wir schlemmen nicht und horten keine Reichtümer. Wir kaufen uns Kleidung, die wir tatsächlich brauchen, und haben keinen Schrank voller Kleidungsstücke, die wir nicht tragen. Wir kaufen Lebensmittel, die wir tatsächlich essen, lassen also nichts im Kühlschrank verderben. Und wir versuchen nach Kräften, das, was wir verbrauchen, wieder zu ersetzen.

Natürlich braucht man sowohl im Wirtschaftsleben als auch im Privatleben gewisse Reserven. Auch das gehört zur angemessenen Sorge um den Lebensunterhalt. Sind die Reserven zu gering, so entstehen Angst- und Unsicherheitsgefühle. Zuviel Vorsorge hingegen kann zu Abstumpfung und zum Einschlafen der Kreativität führen.

Wenn wir mehr Geld verdienen, als wir brauchen, sollten wir darüber nachdenken, wie wir die Familie, die wir ernähren, erweitern können. Dies wäre eine Sicherung des Lebensunterhalts im Sinne des Mittleren Weges. Als die Greyston-Bäckerei genug einbrachte, um uns Begründer zu ernähren, machten wir uns Gedanken über eine Erweiterung der Familie, für deren Unterhalt wir sorgen wollten. Wir fingen an, Obdachlose und Langzeitarbeitslose auszubilden.

Das Prinzip, daß wir stets versuchen, das zu ersetzen, was wir verbrauchen, läßt sich auch auf Unternehmen übertragen. Wenn ein Unternehmen das Gemeinwesen, in dem es angesiedelt ist, unterstützt, erhält das Gemeinwesen dadurch die Möglichkeit, größere Eigenständigkeit zu entwickeln, was wieder zur Folge hat, daß weniger Menschen von der Sozialhilfe leben und mehr Waren gekauft werden können. Und davon profitieren letztlich nicht nur die Unternehmen, die sich sozial engagieren, sondern alle Unternehmen in der betreffenden Region.

Beuten Firmen hingegen nur immer weiter die vorhandenen Ressourcen aus, so werden ihnen eines Tages sowohl die Kunden als auch die Arbeitskräfte fehlen, und damit berauben sie sich ihrer eigenen Existenzgrundlage.

Als wir uns entschlossen, uns in Yonkers für soziale Projekte zu engagieren, erschien mir unser hochherrschaftliches Anwesen nicht als die richtige Ausgangsbasis für solche Pläne. Deshalb verkauften wir das Haus. So wie man bei der *Koan*-Übung versucht, mit der Situation eins zu werden und so zur direkten Erfahrung zu gelangen, hielt ich es für wichtig, daß wir selbst auf die Straße gingen, also unsere Situation kurzfristig so veränderten, daß wir größere Chancen hatten, die Welt durch die Augen der Obdachlosen und Arbeitslosen zu sehen.

Wir fanden ein völlig heruntergewirtschaftetes Haus in der Nachbarschaft. Zehn von uns zogen dort ein und renovierten das Gebäude innerhalb von sieben Monaten von Grund auf. Das Souterrain wurde in einzelne Schlafräume aufgeteilt, aber wir aßen gemeinsam. Während dieser Zeit hielten wir unsere Sitzmeditation und unsere Wochenendübungen im Meditationsraum über der Bäckerei ab.

Als wir anfingen, uns ernsthaft mit der Umsetzung unserer Pläne im sozialen Bereich zu beschäftigen, sagten viele: »Wie soll das funktionieren? Unsere Gemeinschaft ist so klein, und viel Geld haben wir auch nicht. Wir sind schließlich keine Millionäre.« Darauf antwortete ich: »Das Problem ist, daß ihr nur in eure Taschen schaut. Tatsächlich steht uns das ganze Universum zur Verfügung.«

Ebenso, wie wir fast immer *ein wenig* Zeit haben, ist auch fast immer genügend Geld vorhanden, um *etwas* zu tun. Als wir uns überlegten, wieviel Geld wir zur Verfügung hatten, stellten wir fest, daß es genug war, um zumindest ein kleines Projekt in Angriff zu nehmen. Also taten wir das. Wir backten Brot für eine Armenküche. Wenn man einfach mit dem anfängt, was man hat, entwickeln sich die Dinge allmählich weiter.

Nehmen wir an, Sie hätten tatsächlich *kein* Geld, aber eine Vorstellung davon, was Sie aufbauen wollen. Wenn Sie dann einfach herumsitzen und sagen: »Ich kann nichts tun, weil ich kein Geld habe«, wer soll Ihnen dann zur Hilfe kommen? Fangen Sie aber einfach an, so können erstaunliche Dinge geschehen. Wenn irgendwo etwas »läuft«, fühlen sich immer Menschen davon angezogen. Sie wollen sehen, ob und wie Ideen realisiert werden, wie beispielsweise ein Buch oder eine neue Art von Gebäck oder irgendein anderes Projekt entsteht. Und wenn sie dies sehen, unterstützen sie es oft auch.

Als wir mit unserer Arbeit in Greyston anfingen, erhielten wir von den verschiedensten Stellen unerwartete Hilfe, nur weil wir anderen unsere Vision erklärten. Beispielsweise wurde Angelo Martinelli, ein Lokalpolitiker, Vorstandsmitglied der Organisation, die wir für die Sozialprojekte gründeten. Angehörige des Social Venture Network boten uns an, uns zu beraten und uns ihre Kontakte zur Verfügung zu stellen. Buddhisten anderer Gruppen erboten sich, uns in unserer Arbeit zu unterstützen. Regierungsstiftungen sagten uns finanzielle Hilfe zu.

Die verschiedensten Leute wollten sich an der Umsetzung unserer Pläne beteiligen. Sobald sie merkten, daß wir nicht nur eine Vision hatten, sondern auch über genügend Entschlossenheit verfügten, um Dinge in die Tat umzusetzen – und daß wir dies auch schon unter Beweis gestellt hatten –, wußten sie, daß wir nicht nur Träumer waren.

Gerade genug

Geld ist als Zutat absolut unverzichtbar, doch wenn es zur einzigen Antriebskraft wird, wenn man sich nur noch darauf konzentriert, Geld anzuhäufen, so kann das den Geschmack des ganzen Essens verderben.

Bei dem Versuch, anderen Menschen zu helfen, geht man allerdings oft in eine andere Art von Falle. Man möchte, daß alles möglichst schön und gut wird, und macht sich darüber ständig Sorgen. Soziales Engagement gleitet leicht ins Süßliche ab. In solchen Fällen fügt der Zen-Koch die Zutat der Weisheit hinzu.

Wer Gutes tun möchte, sollte darauf achten, daß er genug Geld hat, um unabhängig zu bleiben. Dadurch läßt sich vermeiden, daß einer dieser beiden Faktoren zuviel Gewicht bekommt. Geld fungiert beim sozialen Engagement als Korrektiv, und das gleiche gilt auch umgekehrt. Beide wirken harmonisch zusammen. Wenn Sie nur Geld verdienen, um Ihren eigenen Lebensunterhalt zu sichern, und Ihnen das Wohl anderer

gleichgültig ist, befinden Sie sich im Reich der Hunger-
geister, und Ihr Verhalten wird sich im Lauf der Zeit negativ auf Ihr Unternehmen auswirken, weil Sie dem
Gemeinwesen, aus dem Ihr Geld stammt, nichts zurückgeben.

Wenig ist oft genug

Geldmangel kann aber auch unsere beste Zutat sein.

Es gibt eine berühmte Geschichte über einen Univer-
sitätsprofessor, der mit einem Lehrer über Zen diskutieren wollte. Der Lehrer servierte dem Professor Tee.
Als die Tasse voll war, goß der Lehrer immer weiter Tee
ein. »Wenn der Geist voll ist«, erklärte er, »kann er
nichts Neues aufnehmen.«

Wenn Dinge zu »voll« sind, kann sich nichts entwikkeln. Wir hoffen, daß unsere Arbeit mit Obdachlosen
zu einem Modell für die Arbeit in anderen Städten werden wird, auch für die Arbeit in New York City. Entwickeln lassen sich Modelle am besten an Orten, an
denen noch keine Modelle existieren – wo es zwar
viele Probleme gibt, aber noch nicht viel ausprobiert
worden ist, um sie zu lösen.

Es ist ähnlich wie bei der Kalligraphie. Wenn ein
Blatt schon mit allen möglichen Zeichen übersät ist,
sieht man neu hinzugefügte kalligraphische Zeichen
kaum. Je mehr freier Raum auf einem Blatt vorhanden
ist, um so deutlicher treten die Pinselstriche hervor.

Man sieht die Buchstaben oder Zeichen also aufgrund des leeren Raums.

Entscheidend ist nicht, wieviel Sie haben. Sie können aus ganz wenigen Zutaten etwas sehr Schönes machen. Menschen, die zu kochen anfangen, werfen häufig Fleisch, Kartoffeln, Gemüse und alle Gewürze, die sie haben, in einen Topf. Dabei kommt selten etwas Gutes heraus. Es ist einfach zuviel. Die vielen verschiedenen Zutaten neutralisieren sich gegenseitig, und das Essen schmeckt am Ende ziemlich fade.

Insofern kann es von Vorteil sein, wenn wir über nur wenige Zutaten verfügen. Auch der leere Raum ist ein wichtiger Bestandteil des Essens.

Beispielsweise erhielten wir am Anfang für unsere soziale Arbeit keine finanzielle Unterstützung von der Regierung, weil unsere Gruppe die dafür festgelegten Voraussetzungen nicht erfüllte. Doch wurde genau das für uns zu einem großen Vorteil, denn wir waren gezwungen, zunächst dafür zu sorgen, daß unsere Bäckerei Profit machte, um uns dadurch eine gewisse finanzielle Unabhängigkeit zu sichern. So bekam unsere soziale Arbeit eine solide Grundlage.

Der vierte Gang

Rezepte
für soziale Veränderungen

8

Für wen kochen Sie?

Wir dürfen nie vergessen, daß wir zuallererst lernen müssen, für uns selbst zu sorgen. Bevor wir Gäste zum Essen einladen können, müssen wir lernen, uns selbst etwas zu kochen und uns selbst zu ernähren.

Ein kranker Koch kann nicht gut kochen, und ein hungriger Koch wartet nicht, bis das Essen auf den Tisch kommt. Wenn wir es uns selbst nicht gutgehen lassen, schmeckt unser Essen nicht, so sehr wir uns auch bemühen, so viele Zutaten wir auch verwenden und so perfekt unsere Küche auch ausgestattet sein mag.

Wenn wir gelernt haben, für uns selbst zu kochen, verstehen wir auch unsere Verbundenheit mit allem und allen anderen besser. Auch wenn wir scheinbar nur für uns selbst kochen, kochen wir gleichzeitig für alle anderen, weil wir alle miteinander verbunden sind. In Wirklichkeit sind wir alle ein Körper.

Manchmal veranschauliche ich dies durch das Bild der beiden Hände eines Menschen. Nennen wir die linke Hand Sam und die rechte Bill. Beide haben ihre Identität. Wenn Geld mit der Post ankommt, und Sam greift danach, wird Bill ein wenig eifersüchtig. Verbrennt sich Bill an einer heißen Ofenplatte, dann denkt Sam: »Ich sollte ihm eigentlich helfen, aber wenn ich ihm die falsche Medizin gebe, wird man mich vielleicht bestrafen.«

Irgendwann merken beide, daß sie zusammenarbeiten müssen, um die notwendigen Dinge optimal erledigen zu können. Sam braucht Bill, um ein schweres Gepäckstück zu heben, ein Auto zu fahren oder auch nur eine Dose mit Suppe zu öffnen. Sie entdecken, daß sie beide Teile des gleichen Körpers sind. Beide gehören einer Welt an, in der alles mit allem verbunden ist. Das Gefühl der Getrenntheit besteht zwischen ihnen nicht mehr. Wenn Geld eintrifft, greift eine Hand danach, und es spielt keine Rolle, ob es die rechte oder die linke ist. Wenn eine Hand sich verbrennt, denkt die andere nicht erst lange darüber nach, was sie tun könnte und ob sie es tun sollte, sondern sie hilft automatisch.

Natürlich sage ich nicht: »Ich habe zwei Hände.« Das ist sowieso klar. Ich sage nicht einmal: »Das sind meine Hände.« Sie sind einfach Teile von mir. Und ich empfinde mich nur so lange als von Ihnen getrennt, bis mir klar wird, daß Sie und ich Teile einer Welt sind, in der alles mit allem verbunden ist. Letztendlich gibt es nur ein einziges, alles umfassendes Universum, das sich entfaltet und in dem alles für alles andere sorgt.

Zen-Köche kochen also für andere, weil sie erkannt haben, daß die Trennung zwischen ihnen und den anderen eine Illusion ist. Das ist etwas völlig anderes, als wenn man anderen etwas zu essen gibt, um »ihnen« zu helfen oder um Gutes zu tun.

Mein eigenes Interesse daran, anderen etwas zu essen zu geben – mich »sozial zu engagieren«, wie es genannt wird –, hängt damit zusammen, daß ich von den Menschen, denen ich dem äußeren Anschein nach helfe, viel lernen kann. Indem ich mit ihnen eins werde, indem ich die Welt so intensiv wie möglich durch ihre Augen sehe, lerne ich ihre Bedürfnisse kennen und erweitere gleichzeitig meine eigene Sicht des Lebens.

Die Sozialaktivisten, die ich am meisten bewundere, haben selbst ungeheuer viel von den Menschen gelernt, denen sie ihre Arbeit widmen. A. T. Ariyaratne und seine Freiwilligen beispielsweise haben in Sri Lanka ein Selbsthilfeprogramm für Dörfer mit dem Namen *Sarvodaya Shramadana Sangamaya* organisiert, das auf Gandhis Arbeit und buddhistischen Prinzipien basiert. *Sarvodaya* bedeutet »erleuchtet für alle«, und *Shramadana* bedeutet »physische und geistige Energie mit anderen teilen«.

Die Sarvodaya-Bewegung motiviert Menschen, ihre geistige und körperliche Energie zur Lösung ihrer Probleme und zur Verbesserung ihrer Lebensbedingungen zu nutzen, statt sich von staatlichen Institutionen oder von Organisationen abhängig zu machen, in denen »Experten« den Ton angeben und die Dinge »regeln«.

Ariyaratne begann mit seiner Arbeit, indem er in ein verarmtes Dorf ging, die Bewohner zusammenholte und sie fragte, was sie ihrer *eigenen* Meinung nach brauchten. Alle waren sich einig, daß Trinkwasser das allerwichtigste sei. Also half Ariyaratne ihnen, einen Brunnen zu graben. Alle Dorfbewohner trugen in irgendeiner Form zu diesem gemeinsamen Vorhaben bei. Studenten reisten nach Bangkok, um sich über geeignete Technologie und die notwendigen Arbeitsmaterialien zu informieren. Als ein reicher Landbesitzer sich erbot, für die Verpflegung des Arbeitsteams aufzukommen, sprachen die Dorfbewohner darüber und beschlossen, statt dessen mit den freiwilligen Helfern täglich selbst eine Mahlzeit zu teilen.

Nach Abschluß des Projekts hatten sie nicht nur gelernt, einen Brunnen zu graben, so daß das Dorf frisches Trinkwasser hatte, sondern auch, zusammen für gemeinsame Ziele zu arbeiten. Als der Brunnen fertig war, merkten sie, daß sie Wege anlegen mußten, damit der Brunnen vom Dorf aus zu erreichen war. So folgte jedem abgeschlossenen Projekt ein neues. Mittlerweile hat die Sarvodaya-Bewegung den Bewohnern von Tausenden von Dörfern beigebracht, wie sie sich selbst helfen und dadurch ein unabhängiges Leben führen können. Ihre Programme umfassen heute Aufbau und Betrieb von Krankenhäusern und Schulen, Bewässerungsprojekte, Landbau, Handwerksbetriebe, Vermarktung, Bankservice und Ausbildung von Organisatoren.

Bei unserem Vorhaben, Obdachlosen Wohnungen zu verschaffen, stand für uns an erster Stelle, diesen Menschen die Unabhängigkeit von staatlicher Unterstützung zu ermöglichen. Doch als wir uns in den Motels umhörten, wo Sozialhilfeempfänger wohnten, stellten wir fest, daß die meisten zwar gern eine Arbeit gehabt hätten, daß aber oft zuerst einmal ihre Kinder versorgt werden mußten. Gemeinsam entwickelten wir dann für das Greyston Family Inn ein Modell, das den Obdachlosen nicht nur eine feste Bleibe, sondern auch Kinderbetreuung, Berufs- und Lebensberatung und eine Art beruflicher Ausbildung verschaffen sollte.

Als wir eine Zeitlang mit den Obdachlosen zusammen auf der Straße lebten, um ihre Situation besser zu verstehen, sagten sie, eines der größten Probleme bei der Arbeitssuche sei für sie, daß sie keine Postadresse hätten und keine Telefonanrufe entgegennehmen könnten. Schon allein deshalb könnten sie viele der bestehenden Möglichkeiten nicht nutzen. Also fingen wir an, mit zwei »Organisatoren«, die selbst Obdachlose waren, den Greyston-Zustellservice aufzubauen. Ziel der Arbeit dieser Organisatoren ist es, den Obdachlosen, die in verschiedenen Gegenden in »Dörfern« leben – unter anderem in einem Hüttendorf unter der Brooklyn-Bridge und in einem anderen, das in Harlem liegt –, eine Visitenkarte mit ihrem Namen, eine Postadresse und eine Nummer in einer Voice-Mailbox (einer Art elektronischer Anrufbeantworter) zu verschaffen.

Als wir mit Ariyaratne über diese Idee sprachen, bot er uns an, uns für unsere Arbeit in New York City in der Sarvodaya-Bewegung ausgebildete Organisatoren zu schicken. Ob man in der Dritten Welt in einem Dorf in Sri Lanka arbeitet oder in der »Dritten Welt« amerikanischer Großstadtghettos, die Erkenntnisse der Sarvodaya-Bewegung gelten überall: Probleme lassen sich nicht nach »Schema F« lösen. Man muß die Betroffenen selbst fragen, was sie brauchen, und ihnen dann zeigen, wie sie ihre Ziele durch gemeinsame eigene Anstrengung erreichen können. Wenn wir die Welt verändern und das wahrhaft Große Mahl zubereiten wollen, müssen wir dies gemeinsam tun.

Wofür arbeiten Sie?

Kürzlich befragte eine Zeitschrift in Westchester Geschäftsleute, wofür sie arbeiteten. Ein Prozent der Befragten gab an, sie wollten die Situation des Gemeinwesens verbessern oder dem Gemeinwesen zurückgeben, was sie selbst von ihm bekommen hätten. Siebzig Prozent antworteten, sie würden arbeiten, um ihren Lebensstandard zu verbessern. Ihnen war nicht klar, daß sie ihren Lebensstandard nicht aufrechterhalten können würden, wenn ihr Profit nicht auch dem Gemeinwesen, in dem sie lebten, zugute kam.

Aufgrund dieser Einstellung gab es beispielsweise in Westchester kaum Wohnungen für Bürger mit mittleren und niedrigen Einkommen. Das wiederum hatte zur Folge, daß die Firmen nicht genügend Arbeiter und die Gemeinden keine Lehrer, Polizisten und Feuerwehrleute fanden, weil Angehörige dieser Berufsgruppen es sich nicht leisten konnten, nach Westchester zu ziehen.

Mittlerweile merken zum Glück immer mehr Menschen, daß sie sich um das Gemeinwesen, in dem sie leben, kümmern müssen. Vor kurzem hat mir ein Mitarbeiter der Digital Corporation gesagt, seine Firma habe erkannt, daß sie sich mit dem schleichenden Niedergang der Sozialsysteme befassen müsse, weil sie durch diese Entwicklung letztlich ihre Kunden verliere. Außerdem sei dem Unternehmen klar, daß im Jahr 2000 der größte Teil seiner Arbeiter aus ethnischen Minderheiten stammen werde. Wenn diese Menschen keine gute Ausbildung erhielten und nicht in der Lage seien, ein von staatlichen Hilfen unabhängiges Leben zu führen, bestehe die Gefahr, daß Digital nicht genügend brauchbare Arbeiter finden werde.

Bei dieser Sichtweise stehen natürlich immer noch die Unternehmensinteressen im Vordergrund. Da die

Firma Digital Corporation auf internationaler Ebene expandieren will, liegt es im Interesse des Unternehmens, sich Gedanken über die benachteiligten Gebiete auf der Welt zu machen, denn Menschen, die in diesen Gebieten leben, können keine guten Kunden sein. Insofern steht das Bestreben von Digital, solche Gebiete zu fördern, durchaus im Einklang mit den letztlich profitorientierten Unternehmenszielen.

Mit der spirituellen Eigenständigkeit verhält es sich ähnlich. Die meisten Menschen glauben, dafür müßten sie ein starkes Ich-Gefühl entwickeln. Doch wie Dogen sagt, entwickelt und entfaltet man die individuelle Existenz und wird schließlich mit dem Universum eins, indem man »sich selbst vergißt«. Man könnte den ichlosen Zustand deshalb als einen ungeheuer erweiterten Ich-Zustand verstehen, in dem das Ich die Größe des gesamten Universums annimmt. Es ist, als würden wir zu einem Punkt ohne jede Ausdehnung, der gleichzeitig eine alles umfassende Kugel ist. Es besteht keine Trennung mehr zwischen uns und allem anderen. Wenn wir diesen Zustand erreichen, wird unsere Sorge um Selbständigkeit und Unabhängigkeit zur Sorge um das Zusammenwirken aller Wesen und Dinge.

Lehre einen Hungrigen, Fische zu fangen

Als wir mit unserer sozialen Arbeit begannen, zitierten viele Mitglieder unserer Gemeinschaft eine Spruchweisheit von Laotse: »Statt einem Hungrigen einen Fisch zu geben, sollte man ihn lehren, selbst zu angeln.«

Diese Leute fanden, soziales Engagement sei vielleicht »politisch korrekt«, aber in keinem Fall »spirituell korrekt«, weil die Bedürftigen zwar etwas zu essen bekämen, aber damit noch nichts wirklich Wesentliches. Sie waren der Meinung, als Zen-Lehrer sollte ich meine Zeit besser darauf verwenden, Menschen zur Erleuchtung zu geleiten.

Ich bin jedoch der Meinung, daß man Menschen, die hungern, zuerst einmal etwas zu essen geben sollte, weil das für sie in ihrer aktuellen Situation das wichtigste ist. Wenn ich hungrig wäre, würde ich auch zuerst etwas essen wollen. Wenn ich obdachlos wäre und frieren würde, bräuchte ich als erstes ein Dach über dem Kopf. Mich würde dann nicht interessieren, daß das, was jemand anders als »spirituell korrekt« ansieht, weitaus mehr umfaßt als die konkrete Sorge um das Allernotwendigste.

Man muß sich in die Menschen, für deren Wohl man arbeitet, hineinversetzen, denn nur so kann man herausfinden, welche Bedürfnisse sie haben. Jede Arbeit für andere sollte damit beginnen. Natürlich ist es wichtig, daß man einem Hungrigen nicht einfach nur einen Fisch zu essen gibt, sondern ihm auch beibringt, wie er selbst angeln kann, und damit er das lernt, muß man ihm zeigen, wie man eine Angel herstellt, eine Angelschnur und einen Angelhaken daran befestigt, die

Leine ins Wasser wirft und wo er Würmer findet, die er als Köder verwenden kann. Doch sollte man all das zum richtigen Zeitpunkt tun. Ansetzen müssen wir immer da, wo die Menschen, mit denen wir es zu tun haben, tatsächlich stehen.

Als der dauerhafte Erfolg der Bäckerei sich abzeich-
nete, beschlossen wir, den Profit nicht mehr ausschließlich für die Sicherung unseres eigenen Lebensunterhalts zu verwenden, sondern auch anderen damit
zu helfen. Es war Zeit, Gäste zum Festmahl einzuladen.

Eine Mahlzeit im Monat

In dieser Situation erhielten wir einen Brief von einer
Suppenküche in Yonkers. Die Sharing Community, die
die Küche betrieb und täglich drei- bis vierhundert Mit-
tagsmahlzeiten verteilte, schrieb in dem Brief, sie sei
wegen Geldmangels nicht mehr in der Lage, ihre Arbeit
wie bisher fortzusetzen. Der Hilferuf kam für uns genau zum richtigen Zeitpunkt.

Wir erklärten uns spontan bereit, für eine Mahlzeit
im Monat zu sorgen. Dazu mußten wir das Geld auf-
treiben, Lebensmittel kaufen und einmal im Monat Essen für drei- bis vierhundert Menschen zubereiten. Außerdem spendeten wir der Suppenküche von diesem
Zeitpunkt an Brot und Gebäck.

Durch die Zusammenarbeit mit der Suppenküche
erfuhren wir viel über die Obdachlosigkeit in Yonkers
und ihre Ursachen. Eine Ursache war die Stadt Yonkers
selbst, in der zwar viel über Integration geredet, aber
nur wenig dafür getan wurde. Eine andere Ursache war,
daß viele Obdachlose der Stadt alleinerziehende Eltern
waren.

Zuerst schien uns die einfachste und natürlichste Art des Helfens die Schaffung von Arbeitsplätzen zu sein. Wir entwickelten ein Ausbildungsprogramm für die Bäckerei. Die Arbeitslosen, die daran teilnahmen, erhielten eine Tageshälfte lang Unterricht und arbeiteten die andere Hälfte des Tages in der Produktion mit. Das Programm wurde mit städtischen Geldern finanziert. Doch stellten wir fest, daß das schwieriger war, als wir vermutet hatten.

Bei der Durchführung dieses Projekts merkten wir allmählich, wie schwer es ist, einen gesellschaftlichen Mißstand zu beseitigen, wenn man sich nur auf einen bestimmten Aspekt der Gesamtproblematik konzentriert. Ebenso wie beim Kochen und bei der Arbeit an der Entwicklung eines ganzheitlichen Lebens muß man auch bei der Arbeit für soziale Veränderung immer das Gesamtbild im Auge behalten. Beispielsweise stellte sich heraus, daß die von uns Betreuten eine sehr intensive Beratung in Fragen der Lebensführung und Lebensgestaltung brauchten. Deshalb boten wir den Teilnehmern unseres Ausbildungsprogramms eine Beratung zu Drogen- und Alkoholproblemen an, und sie konnten an Kursen teilnehmen, in denen ihnen grundlegende Kommunikationsfähigkeiten vermittelt wurden. Darin lernten sie beispielsweise, mit einem Chef umzugehen, der sie anschrie oder der ihnen etwas sagte, das ihnen nicht gefiel. Sie probierten andere Verhaltensmöglichkeiten, als mit den Füßen aufzustampfen und zu gehen.

Vielen Arbeitssuchenden fehlte nicht nur eine feste Wohnung, sondern ihre Situation wurde zusätzlich dadurch verschärft, daß es keine Kinderbetreuung für sie gab. Auch die Unterbringung in Motels war sehr problematisch. Zwar konnten diejenigen, die bei uns arbeiten wollten, wenn sie eine gewisse Willenskraft hatten, von einem Motel in Yonkers aus zu uns kommen und an unseren Kursen teilnehmen, aber manchmal wurden sie eine Woche später in ein Motel in White Plains oder gar in Connecticut verlegt, und das war dann das Ende ihrer Ausbildung.

So wurde uns allmählich klar, daß sich die Arbeitslosigkeit durch Angebote zur beruflichen Aus- und Weiterbildung allein nicht beseitigen ließ. Alleinerziehenden Eltern, die sich von der Sozialhilfe unabhängig machen und arbeiten wollten, konnten ohne eine kostenlose oder zumindest sehr preiswerte Kinderbetreuung einfach keiner festen Arbeit nachgehen. – Wenn es schneite oder regnete oder ein Kind krank war, mußten die Eltern ihre Kinder mitbringen, und dann rannten diese allein auf der oberen Etage unserer Bäckerei herum.

Doch da selbst Menschen, die dieses Problem nicht hatten und die deshalb Zeit hatten, sich eine Arbeit zu suchen, häufig keine fanden, weil es in Yonkers einfach nicht viele Arbeitsmöglichkeiten gab, machten wir uns auch Gedanken darüber, wie wir Arbeitsplätze schaffen konnten.

Im Rahmen der Lebenshilfekurse entwickelten wir später einen Kochkurs, der vom High-School-System der Stadt Yonkers organisiert wurde. In diesem Kurs lernten die Teilnehmer sowohl zu kochen wie auch andere Dinge, die für die Bewältigung des normalen Alltags wichtig sind. Schon allein die dreimonatige Teilnahme an einem solchen Kurs war für die Betroffenen ein wichtiger Schritt vorwärts. Sie lernten dadurch den Wert von Arbeit wieder zu schätzen, auch was es heißt, pünktlich zu sein, und wie man sich selbst hilft, wenn Kinder krank werden.

Durch all diese Ansätze stellten wir fest, daß Obdachlosigkeit und Arbeitslosigkeit nicht beseitigt werden können, solange man nicht die anderen Aspekte wie festen Wohnsitz, Kinderbetreuung, berufliche Aus- und Weiterbildung, Lebensberatung und die Schaffung von einfachen Arbeitsplätzen einbezieht. Und all dies muß gleichzeitig in Angriff genommen werden.

Vom Umgang mit Bürokratien

Zu jeder Bürokratie gehören viele Gesetze und Vorschriften. Deshalb muß man, um mit Bürokraten zurechtzukommen, zuerst einmal herausfinden, nach welchen Bestimmungen sie sich richten. Ob Ihnen das gefällt oder nicht, tut dabei nichts zur Sache. Wenn Sie bei einer bürokratischen Institution – beispielsweise bei einem staatlichen Wohnungsamt – etwas erreichen wollen, müssen Sie die Gesetze und Vorschriften kennen, auf denen die Arbeit dieser Institution basiert, und Sie müssen diese Bestimmungen berücksichtigen, wenn Sie von einer solchen Behörde etwas wollen.

Es ist wie bei dem *Koan*: »Wie geht man einen Berg mit neunundneunzig Kurven direkt hinauf?« Die Antwort lautet, daß man nicht gegen die Kurven angehen kann, sondern daß der direkte Weg über all diese Kurven führt.

Man darf beim Umgang mit Bürokratien auch nie vergessen, daß sie ihr Budget nur auf eine genau festgelegte Weise verwenden dürfen und daß Fördergelder nur innerhalb bestimmter Grenzen gewährt werden. Vielleicht sehen die zuständigen Beamten durchaus ein, daß Sie mehr Geld für ein bestimmtes Projekt bräuchten, trotzdem sind sie durch ihre Vorschriften gebunden. Man sollte sich Budgets und Vorschriften gegenüber ähnlich verhalten wie einem Felsen im Wasser: auf keinen Fall direkt darauf losgehen.

Oft meinen wir, wir müßten durch einen Felsen, der uns im Weg ist, hindurch- oder über ihn hinweggehen. Ein Fluß jedoch geht mit einem Felsen anders um: Er umfließt ihn. Wasser ist sanft und gleichzeitig das beharrlichste unter den Elementen. Mit der Stärke seiner

Sanftheit findet es immer Möglichkeiten, Felsen zu bezwingen.

Ebenso gibt es auch für uns immer Möglichkeiten, Hindernisse zu umgehen. Es ist immer möglich, innerhalb der existierenden Beschränkungen sinnvoll zu arbeiten. Das ist oft nicht so schwierig, wie es auf den ersten Blick erscheinen mag. Wir müssen nur zu Beginn herausfinden, ob nicht zumindest ein Teilbereich unseres Zieles innerhalb der durch die geltenden Vorschriften und Gesetze vorgegebenen Grenzen liegt. Vielleicht können wir unser Ziel in diesem Rahmen nicht vollständig verwirklichen, aber zumindest ein Teil wird zugänglich.

Manchmal wirkt eine leichte Umformulierung der Ziele Wunder, die uns trotzdem noch genug Spielraum läßt, das zu tun, was wir wollen. Das Gebäude in der Warburton Avenue 68 wurde mit dem Geld einer staatlichen Institution zur Förderung des Wohnungsbaus finanziert, die jedoch keine Kinderbetreuungszentren fördern durfte. Doch konnten wir den zuständigen Beamten plausibel machen, warum die Kinderbetreuung ein wichtiger Bestandteil des Greyston-Modells und für den Erfolg des gesamten Projekts unverzichtbar war. Trotz der gesetzlichen Bestimmungen, an die sie sich halten mußten, halfen sie uns, indem sie die für die Kinderbetreuung vorgesehenen Räumlichkeiten einfach als »Erholungszentrum« bezeichneten.

Für jeden Bürokraten ist es außerdem wichtig, daß

die Projekte, die seine Institution unterstützt, erfolgreich sind und ihren Zweck erfüllen, denn das zeigt letztlich, daß der Betreffende selbst gute Arbeit leistet. Ein erfolgreiches Projekt erhöht die Chance, an Gelder für weitere Projekte zu kommen.

Nun muß man die Gesetze und Vorschriften zwar kennen und beachten, aber manchmal kann man sie auch umgehen. Deshalb sollte man stets die Augen offen halten nach Leuten, die bereit und in der Lage sind, bei der Umschiffung von Gesetzesklippen zu helfen. Stellen Sie fest, ob es in einer Institution jemanden gibt, der Regeln außer Kraft setzen kann oder der weiß, welche Bestimmungen sich bald ändern werden. Bleiben Sie mit diesen Leuten in Kontakt, auch oder sogar *gerade*, wenn Sie im Augenblick kein spezielles Anliegen haben. Schicken Sie ihnen Berichte über die Fortschritte Ihrer Projekte. Versuchen Sie, diese Leute durch Fotos, Presseberichte und eigene Pressemitteilungen über Ihre Arbeit auf dem laufenden zu halten. Laden Sie Ihre »Sympathisanten« zu informellen Treffen oder zu Präsentationen ein, damit sie sich über Ihre Dienstleistungen informieren oder Ihr Produkt sehen (oder kosten!) können.

Die Bäckerei als Zutat

Es stellte sich heraus, daß auch die Bäckerei selbst für uns eine wichtige Zutat war. Sie lieferte nicht nur die solide wirtschaftliche Basis, die es uns erst ermöglichte, anderen zu helfen, sondern durch den Erfolg dieses Projekts wuchs auch unser Selbstvertrauen, und unsere Arbeit erlangte Anerkennung. Viele Außenstehende wußten, daß wir die schwierigen Anfangsjahre, in denen die meisten neugegründeten Unternehmen scheitern, gut überstanden und schon für einige sehr angesehene Firmen gearbeitet hatten – unter anderem für Bloomingdale's und Godiva Chocolatier. Deshalb traute man uns zu, daß wir auch mit den wesentlich umfangreicheren Projekten, die wir uns nun vorgenommen hatten, Erfolg haben würden. Unsere Förderer waren überzeugt, daß sie uns große Zuschüsse anvertrauen konnten und daß wir unsere Pläne verwirklichen würden. Es waren nicht allein die guten Ideen, die unsere Geldgeber überzeugten. Anderen mit ähnlich guten Ideen hätten sie nicht unbedingt ebensoviel Vertrauen entgegengebracht. So erwies sich unser Erfolg mit der Bäckerei als eine sehr wichtige Ressource für unsere Vorhaben im sozialen Bereich.

Die gleiche Erfahrung machte ich, als ich anfing, anderen gesellschaftlichen Gruppen unsere Pläne zu erläutern. Die Leute hatten von unserer Bäckerei gehört und unser Gebäck probiert und waren begeistert. Bei meinen Vorträgen vor afro-amerikanischen Gruppen wurde ich gewöhnlich vorgestellt als »Bernie, der diese herrlichen Kuchen und Torten macht«, und dann sprachen wir über Politik, Wohnraumbeschaffungsstrategien und ähnliche Themen. Ich war für diese Leute zwar immer noch ein Weißer, aber aufgrund meiner Arbeit in der Bäckerei, die allen gefiel, wurde ich allgemein akzeptiert, und wir konnten uns nun anderen Bereichen zuwenden. Und so geht es immer weiter.

All das – und natürlich noch viel mehr – waren die Zutaten unseres Großen Mahls, das in dieser Phase die konkrete Form unseres ersten Hauses für Obdachlose annahm.

Uns war schnell klargeworden, daß die übliche Praxis, Menschen in Motels unterzubringen, zu nichts führte und außerdem sehr teuer war. Die Obdachlosen konnten nicht einmal eine ganze Woche lang in einem bestimmten Motelzimmer bleiben, sondern sie wurden regelmäßig am Wochenende an die Luft gesetzt, weil die Motelbetreiber ihre Zimmer dann gewinnbringender an Prostituierte und ihre Kunden vermieten konnten. Wegen dieser jedes Wochenende stattfindenden Ausquartierung wußten Mütter und Väter samstags nie, wo sie sein würden, wenn ihre Kinder mit den Schulbussen aus den Schulen zurückkamen. Und wenn die Eltern bei der Ankunft der Busse nicht zur Stelle waren, weil sie weggefahren worden waren und sich deshalb nicht um ihre Kinder kümmern konnten, wurden die Kinder von Wohlfahrtsinstitutionen in Gewahrsam genommen und dort oft dauerhaft festgehalten.

Aufgrund dieser Situation ließen viele Eltern ihre Kinder gar nicht erst zur Schule gehen.

Die alleinerziehenden Mütter und Väter befanden sich in einem schrecklichen Dilemma: Sie bekamen keine Wohnungen, weil sie kein Geld hatten. Sie hatten kein Geld, weil sie keine Arbeit fanden. Ohne Ausbildung bekamen sie keine Arbeit, und sie konnten keine Ausbildung machen, weil ihre Kinder dann nicht betreut wurden. Wen kann es da wundern, daß so viele verzweifelten und sich in den Drogenkonsum flüchteten.

Fast food

Vieles, was als Hilfe bezeichnet wird, ist nichts weiter als notdürftiges Flickwerk. Für dreitausend Dollar kann man einen Menschen ein paar Tage in einem Motel unterbringen, doch wird der Betreffende dabei im Grunde wie Abfall behandelt, den man eine Weile versteckt. Das Geld, das für die Motelunterbringung ausgegeben wird, hilft diesem Menschen nicht im geringsten, dem Teufelskreis, in dem er sich befindet, zu entkommen.

Diese Art von Hilfe wirkt ähnlich wie das Essen von Fast food statt einer nahrhaften Mahlzeit. Dem Körper wird kurzzeitig viel Zucker zugeführt, und dadurch kommt es zu einer Überzuckerung des Blutes und damit zu einem trügerischen Energieschub. Doch die körperliche Verfassung wird tatsächlich durch jedes

Fast-food-Essen verschlechtert. Man könnte beispielsweise auf den Gedanken kommen, Obdachlose für
drei Monate aufs Land zu bringen und ihnen Arbeit,
ein Dach über dem Kopf und Kinderbetreuung anzubieten. Doch wenn sie nach dieser Zeit in die Stadt zurückkehren und dort wieder keine Arbeit, keine Kinderbetreuung und kein Dach über dem Kopf haben,
befinden sie sich wieder in genau dem gleichen Teufelskreis wie zuvor.

Das vollständige Mahl

Den meisten, mit denen wir sprachen, war klar, daß der
Teufelskreis von Obdachlosigkeit und Armut nur mit
Hilfe eines ganzheitlichen Ansatzes durchbrochen
werden konnte. Alle Elemente und Zutaten eines guten
Mahls mußten einbezogen werden. Das größte und
drückendste Problem war natürlich, diesen Leuten eine
gewisse Stabilität zu geben, und dazu mußten wir ihnen zunächst eine feste Wohnung verschaffen. Deshalb
gründeten wir eine völlig unabhängige Institution mit
eigenem Vorstand, die den Namen Greyston Family
Inn erhielt. Mit Hilfe einiger wohlhabender und ein-
flußreicher Bürger, die wir in Westchester kennenlern-
ten, arbeiteten wir uns durch die Labyrinthe der Bürokratie hindurch, bis wir schließlich vom New York
State Housing Assistance Program eine Subvention für
den Kauf und die Renovierung eines leerstehenden

Gebäudes bekamen. Dieses Haus lag in unmittelbarer Nähe unserer Bäckerei, auf der Warburton Avenue 68.

Gewöhnlich fließen die für Renovierungsarbeiten vorgesehenen Subventionen in die Kassen professioneller Bauunternehmen. Doch angesichts der vielen arbeitslosen Männer und Frauen in unserer Gemeinde erschien es uns nicht als sinnvoll, eine solche Firma mit den Arbeiten zu beauftragen. Deshalb gründeten wir eine Baufirma, in der Arbeitslose und Obdachlose Arbeit fanden und gleichzeitig ausgebildet wurden. Sie sanierten das ganze Gebäude. So profitierten die Betroffenen selbst von den Subventionen und nahmen von Anfang an teil an der Herrichtung ihrer späteren Wohnungen. Gleichzeitig lernten sie etwas, mit dem sie Geld verdienen konnten. Zwei Jahre nach Beginn der Arbeiten konnten die ersten achtzehn Familien in das Gebäude einziehen, das sie selbst wieder bewohnbar gemacht hatten.

Nach Abschluß der Bauarbeiten fügten wir, so wie wir es geplant hatten, unserem Mahl Schritt für Schritt auch die übrigen Zutaten hinzu. Da die Obdachlosen hauptsächlich alleinerziehende Mütter und Väter mit Kindern waren, bauten wir ein Kinderbetreuungszentrum auf. Und weil die Eltern keine feste Arbeit hatten, kam auch noch ein berufliches Ausbildungszentrum hinzu. Außerdem gründeten wir eine Mieterorganisation, in der die Bewohner lernen sollten, die Verwaltung des Gebäudes allmählich in die eigenen Hände zu nehmen.

Alle, die in das Haus einzogen, verpflichteten sich schriftlich, keine Drogen zu nehmen. Einige Leute waren der Meinung, jeder, der in das Haus einziehen wolle, sollte sich einem Drogentest unterziehen. Doch waren wir der Meinung, daß wir schon eine gute Auswahl getroffen hatten und daß die Bewohner eine relativ stabile Gruppe bildeten. Natürlich war uns klar, daß das Thema Drogen damit nicht erledigt war. In diesem Milieu sind Drogen einfach allgegenwärtig. Als die achtzehn Familien schon zwei oder drei Monate in dem Gebäude wohnten, hatten nach unserer Schätzung immer noch fünf Bewohner etwas mit Drogen zu tun.

Ziemlich viele Mieter drängten uns, das Haus völlig drogenfrei zu machen, weil sie Angst hatten, selbst wieder rückfällig zu werden. Sie nahmen an Programmen der Anonymen Alkoholiker oder ähnlicher Organisationen teil und befürchteten, Drogenkonsum und -verkauf in der Umgebung würde es ihnen erschweren, selbst dauerhaft clean zu bleiben. Andererseits wollten sie sich auch nicht öffentlich zu ihren Vorstellungen äußern, weil sie nicht als Verräter dastehen wollten.

Wir gingen das Problem von drei Seiten aus an. Zunächst stellten wir klar, daß wir nicht davor zurückschrecken würden, gegebenenfalls die Polizei und die Justiz einzuschalten.

Zweitens versicherten wir den Bewohnern, daß wir bereit und in der Lage seien, allen zu helfen, die um Hilfe bitten würden. Wir engagierten ein Team von Drogenberatern, die mit den Mietern über ihre Familien und über die Hausgemeinschaft als Ganzes sprachen. Außerdem stellten wir Kontakte zu verschiedenen Hilfsorganisationen her. Dabei wurde deutlich, daß es für Menschen, die Hilfe suchen und annehmen, erstaunlich viele Möglichkeiten gibt.

Als dritte Maßnahme schufen wir eine Interventionsgruppe aus den Reihen der Mieter, deren Mitglieder als Freunde mit ihren Nachbarn über die Probleme sprachen, die sie ja aus eigener Erfahrung nur zu gut kannten. Dieser Ansatz war vermutlich der wichtigste, weil er in den Händen der Mieter lag.

Baby-Buddhas

Obdachlose Männer und Frauen sind für die meisten von uns unsichtbar, weil wir gelernt haben, sie nicht wahrzunehmen, wenn wir auf der Straße an ihnen vorbeigehen. Doch obdachlose Kinder sind wirklich unsichtbar, weil sie in möblierten Zimmern oder in Motels untergebracht werden, wo sie tatsächlich niemand sieht.

Viele dieser Kinder haben in ihrem kurzen Leben schon viel gelitten, manchmal sogar schon vor ihrer Geburt. Manche sind geschlagen und sexuell mißbraucht worden. Crack-Babys werden schon als Süchtige geboren; ihr Nervensystem ist von Geburt an dauerhaft geschädigt. Und während sie aufwachsen, sind sie ständig mit Gewalttätigkeit konfrontiert. Eines der Mädchen, die wir betreuen, hat sein ganzes Leben lang mit ihrem Bruder und Vater in einem einzigen Motelzimmer gelebt. Eines Abends suchte in jenem Motel ein Team der Drogenpolizei einen Pusher, der einen anderen Drogenhändler ermordet hatte. Bei dieser Razzia wurde die Tür des Nebenzimmers aufgebrochen, und alle Bewohner mußten in der Empfangshalle des Motels zusammenkommen, auch das kleine Mädchen. Natürlich hatte ihr das schreckliche Angst eingejagt.

Sich um diese Kinder zu kümmern ist absolut notwendig, sowohl um ihrer selbst als auch um ihrer Eltern willen. Eine gut organisierte Kinderbetreuung ist für die Eltern dieser Kinder unerläßlich, damit sie eine Arbeit annehmen oder einen Beruf erlernen können. Doch brauchen diese Kinder wesentlich mehr als eine »Kinderverwahrung«. Sie haben oft körperliche Mißhandlungen erlebt, sind psychisch traumatisiert und benötigen deshalb wirklich sachkundige Hilfe, ohne die sie dem Teufelskreis von Vernachlässigung und Gewalt nie entkommen werden.

Es gibt im Zen eine berühmte Geschichte über einen Lehrer, der gefragt wurde, was die höchste Lehre des Zen sei. Er schrieb das Wort »Aufmerksamkeit« an eine Tafel. Daraufhin wurde er gefragt, ob das denn wirklich alles sei. Er antwortete, es gebe noch etwas, und schrieb erneut das Wort »Aufmerksamkeit« an die Tafel. Der Schüler beharrte darauf, daß es doch mehr als das geben müsse. Daraufhin trat der Lehrer wieder an die Tafel und schrieb noch einmal »Aufmerksamkeit« darauf. Dort stand nun: »Aufmerksamkeit. Aufmerksamkeit. Aufmerksamkeit.«

Diese Geschichte weist auf die geistige Einstellung hin, die zum Studium des Zen erforderlich ist. Die gleiche Einstellung braucht man auch bei der Arbeit mit obdachlosen Kindern.

Mitch Zuckers Arbeit bei uns bestand hauptsächlich darin, daß er für das Greyston Family Inn Subventionsanträge stellte und Entwicklungspläne ausarbeitete. Am Wochenende jedoch kümmerte er sich regelmäßig um die Kinder der von uns betreuten Obdachlosen.

Bevor das Haus in der Warburton Avenue bezogen wurde, hatte Mitch in einer provisorischen Tagesbetreuungsstätte mitgearbeitet, die wir für die Teilnehmer der Lebenshilfekurse eingerichtet hatten. Wenige Tage vor Beginn der Kurse hatte uns ein Arzt, ein Beamter der staatlichen Gesundheitsfürsorge, einen Vortrag über die Pathologie von Babys gehalten, die drogen- oder alkoholsüchtig geboren werden. Wir hatten um diesen Vortrag gebeten, weil wir wissen wollten, worauf wir bei der Kinderbetreuung achten und mit welchen Verhaltensweisen wir rechnen mußten.

Eigentlich sollte Mitch sich während der Kurse um die erwachsenen Teilnehmer kümmern. Doch am dritten Tag des Programms hatten wir plötzlich wegen eines Organisationsfehlers viel zuwenig Personal für die Kinderbetreuung. Deshalb mußte Mitch sich bis zum Eintreffen einer Verstärkung mit einer anderen Person zusammen mehrere Stunden lang um zwölf Kinder im Alter von vier Monaten bis elf Jahren kümmern.

Als Mitch den Raum betrat, grabschte sofort ein Dreijähriger, auf den die Beschreibungen des Arztes genau paßten, nach ihm und hörte nicht auf zu brüllen, bis Mitch ihn fest in seinen Armen hielt. »Er klebte wie Pattex an mir, hielt mich an der Hüfte fest und ließ einfach nicht mehr los«, berichtete Mitch. »Wenn ich ihn auf den Boden setzen wollte, fing er an zu schreien und um sich zu schlagen, aber sobald ich ihn in die Arme nahm, hörte er damit auf. Dieses abwechselnde Schreien und Stillsein ging fast eine Stunde lang weiter, bis mir klar wurde, daß ich diesem Kind noch mehr Nähe geben mußte, bevor ich mich um die anderen kümmern konnte.

Ich band den Jungen deshalb mit einem Tragetuch an meiner Hüfte fest und trug ihn so umher, während ich mit den anderen Kindern spielte. Auch wenn der Junge gestoßen wurde, weil ich mit anderen Kindern Ballspiele machte, schien ihn das nicht zu stören. Er blieb ruhig. Einmal rutschte er fast kopfüber zu meinen Knöcheln hinunter, als ich versuchte, ein Knäuel brüllender Kinder aufzulösen. Kinder wie dieser Junge brauchen nichts weiter als Aufmerksamkeit – ungeheuer viel Aufmerksamkeit.«

Mitch arbeitete jeden Samstagmorgen mit den Kindern. Er brachte ihnen Schreiben bei, während ein anderer Freiwilliger Jungen wie Mädchen Karate-Unterricht gab. Der Wechsel zwischen einer sehr aktiven und einer ruhigen Beschäftigung scheint sich sehr positiv auszuwirken. Mitch sagt: »Bei unserer Arbeit mit Obdachlosen sind für mich die Kinder am wichtigsten, besonders die Gruppe zwischen sechs und elf, mit der ich am liebsten spiele. Sicher mag ich auch ihre Eltern, und ich nehme an ihrer Situation Anteil. Aber sie sind so gehemmt und von Ängsten besetzt, daß es schwer ist, sie wirklich kennenzulernen. Kinder dagegen zeigen und sagen, was mit ihnen los ist. Ich bin gern mit ihnen zusammen und sie offensichtlich auch mit mir, und die Art, wie wir mit ihnen arbeiten, ist ganz sicher gut für sie. Davon bin ich so überzeugt, daß ich allen Erwachsenen am liebsten zubrüllen würde: ›Laßt die Baby-Buddhas nicht im Stich!‹«

Es ist unvorstellbar, aber genau das haben wir getan: Wir haben unsere Kinder im Stich gelassen. Als wir auf der Suche nach einem Gebäude für unser Programm waren, fanden wir eine leerstehende Schule, die sich für unsere Zwecke hervorragend geeignet hätte, weil sie sowohl für die Kinderbetreuung als auch für Wohnungen ideale Voraussetzungen bot. Doch mußten wir feststellen, daß die Institutionen, die für Wohnraumbeschaffung zuständig sind, nichts mit Institutionen zu tun haben wollten, die sich um Kinderbetreuung kümmerten – und umgekehrt!

Um unserer Vision treu zu bleiben, bestanden wir darauf, daß unser Programm alle zur Entwicklung einer selbständigen Lebensweise erforderlichen Aspekte umfassen sollte. Ein Wohnraumbeschaffungsprogramm für bezahlbare Wohnungen erschien uns nach wie vor nur dann als sinnvoll, wenn darüber hinaus auch Kinderbetreuung für Vorschulkinder, Freizeitbetreuungsprogramme für Schulkinder, Berufsausbildungs- und Lebenshilfekurse für Erwachsene angeboten und sinnvolle Arbeitsmöglichkeiten geschaffen wurden.

Theoretisch deckt unser Sozialsystem all diese Dinge ab. Doch da die Angebote für die einzelnen Bereiche oft sehr schlecht und nicht auf die anderen wichtigen Faktoren abgestimmt sind, entstehen häufig unverhältnismäßig hohe Kosten, und es geht ungeheuer viel Energie durch bürokratische Querelen verloren.

In den verschiedenen sozialen Institutionen arbeiten zweifellos wohlmeinende und engagierte Männer und Frauen. Doch sind viele von ihnen aufgrund der rigiden Strukturen ihrer Organisationen, die außerdem noch miteinander um Gelder und Ansehen konkurrieren, zu ineffizientem Handeln verurteilt. Nur wenige Einzelpersonen und Institutionen haben wirklich das Gesamtbild im Auge. Für unser Programm, das alle wichtigen Aspekte umfassen sollte, fanden wir nirgendwo finanzielle Unterstützung, weil seine Verwirklichung allen, die wir fragten, als »zu riskant« erschien. Warum? Weil seine Umsetzung von zu vielen verschiedenen Institutionen abhing!

In unseren Plänen für die Sanierung des Gebäudes in der Warburton Avenue hatten wir für die Kinderbetreuung auf der ersten Etage eine komplette Kinderbetreuungseinrichtung mit Organisationsbüro, Klassenräumen, Horträumen und einen Krabbelraum für die ganz Kleinen vorgesehen. Außerdem wollten wir auf dem Grundstück des Hauses einen Spielplatz errichten.

Die meisten Kinderbetreuungsstätten für Bürger mit niedrigem Einkommen sind von staatlichen Zuschüssen abhängig, die man gewöhnlich nur bekommt, wenn ganz bestimmte Bedingungen erfüllt sind. Wir stellten fest, daß ausgerechnet die Förderung der Kinderbetreuung die Eltern geradezu dazu animiert, finanziell vom Staat abhängig zu bleiben!

Da wir keine staatliche Förderung bekamen, bauten wir unsere Kinderbetreuung völlig nach unseren eigenen Vorstellungen auf. Natürlich war das Zentrum in erster Linie für die Familien gedacht, die in dem Haus lebten, doch es konnte auch von anderen Familien mit niedrigem Einkommen in Anspruch genommen werden. Außerdem boten wir ein von Fachkräften betreutes Freizeitprogramm für Schulkinder an, in dem einige Mieter als Helfer mitarbeiteten. So deckte die Kinderbetreuung nicht nur ein echtes Bedürfnis ab, sondern trug außerdem auch dazu bei, den Hausbewohnern und Mitgliedern des Greyston Family Inn den Weg in die Unabhängigkeit von der Sozialhilfe zu ebnen.

II

Kein Abfall

*E*in echter Zen-Koch kann aus Zutaten, die für die meisten Menschen Abfall sind, ein wundervolles Mahl zubereiten. Soen Nakagawa Roshi, ein zeitgenössischer Zen-Meister, war berühmt dafür, daß er aus Dingen, die andere Menschen weggeworfen hatten, etwas Nützliches machen konnte. Er ging in die Küche, nahm etwas aus dem Abfalleimer und sagte: »Das ist kein Abfall.« Dann zeigte er, wie man aus dem Weggeworfenen ein Essen zubereiten konnte.

Manchmal nahm er im Central Park einen Pappbecher aus einem Abfallkorb, hob ein paar Blätter vom Boden auf und zelebrierte damit eine wundervolle Tee-Zeremonie. – Heutzutage wäre das sicherlich ein wenig riskant.

Als wir einmal in unserer Küche Salate zubereiteten, warf eine unserer Köchinnen die äußeren Blätter eines Salatkopfs in eine Plastiktüte. Auf meine Frage, warum sie die Salatblätter weggeworfen hätte, sagte sie: »Die sind nicht gut. So etwas können wir den Leuten nicht zum Essen vorsetzen.« Doch die Blätter waren völlig in Ordnung. Wir benutzten sie als Unterlage für einen sehr schön angerichteten Salat.

In der Zeit, in der wir einmal im Monat drei- bis vierhundert Mahlzeiten für die Suppenküche zubereiteten, stellte sich heraus, daß die meisten Zen-Schüler unserer Gemeinschaft sehr starre Vorstellungen vom Essen hatten. Sie verwendeten für die Mahlzeiten braunen Reis und andere typische Naturkost-Zutaten, und die Besucher der Suppenküche mochten diese Dinge nicht. Wir mußten erst einmal lernen, daß diese Menschen einen völlig anderen Geschmack hatten als wir, und erst als wir diesen kannten, gelang es uns, nahrhafte Mahlzeiten zusammenzustellen, die ihnen schmeckten.

Auch Menschen sind kein Abfall

Unsere Kultur wirft nicht nur Dinge weg, sondern auch Menschen. Obdachlose werden von vielen als der »menschliche Abfall« unserer Gesellschaft angesehen. Sie werden einfach ausrangiert und abgeschoben.

Mit Menschen, die obdachlos *und* HIV-positiv sind, wollen manchmal nicht einmal die Abgeschobenen selbst etwas zu tun haben. Doch egal, ob jemand obdachlos ist, Aids hat, geistig behindert, schwul, schwarz, weiß, alt oder was auch immer ist, kein Mensch ist Abfall. Alle Menschen können der menschlichen Gemeinschaft auf irgendeine Weise nützlich sein. Ob uns persönlich das, was andere Menschen anzubieten haben, schmeckt oder gefällt, ist dabei nicht von Bedeutung. Entscheidend ist, daß wir allen mit Achtung begegnen.

Viele, die in unserer Bäckerei Arbeit fanden, wurden vom Rest der Gesellschaft abgelehnt. Es hieß, sie seien nicht nur arbeitslos, sondern ganz einfach arbeitsscheu. Mittlerweile produzieren diese »arbeitsscheuen« und »lernunwilligen« Menschen so hervorragendes Gebäck und so ausgezeichnete Torten, daß wir damit Preise gewinnen.

Der Lotus im Schmutzwasser

Der reine Lotus, der im schmutzigen Wasser wächst, ist ein poetisches Bild für die Erleuchtung. Der Lotus gedeiht trotz aller Hindernisse. Er ernährt sich sogar vom Schmutz, der im Wasser enthalten ist. Ebenso müssen auch wir uns in unserer persönlichen Entwicklung mit den weniger appetitlichen Teilen von uns, mit unserem Schmutz befassen. Wir können uns nicht damit begnügen, uns mit dem zu beschäftigen, was uns an uns selbst gefällt. In unseren Problemen und Schwierigkeiten steckt ungeheuer viel Energie, die wir nur nutzen können, wenn wir uns intensiv damit auseinandersetzen.

Nur sehr wenige Zutaten sind unbrauchbar – wenn

überhaupt eine. Ganz gleich, welche Arbeit jemand tut, das ist das Festmahl, das dieser Mensch der Gemeinschaft anbietet. Gewöhnlich sehen wir dies nicht, weil uns unsere eigenen Vorstellungen davon, was der andere tun *sollte*, blenden.

Eines unserer besten Produkte entstand buchstäblich aus einer Zutat, die beinahe als »Abfall« weggeworfen worden wäre.

Vor einigen Jahren reisten Ben Cohen von Ben & Jerry's, Anita Roddick vom Body Shop und ein paar andere sozial verantwortungsbewußte Unternehmer zum Regenwald am Amazonas, um dort nach Produkten Ausschau zu halten, durch deren Verkauf man die Erhaltung des Regenwaldes unterstützen könnte, statt ihn weiter zu zerstören, wie es durch Holzverarbeitung, Rinderzucht und Goldabbau geschieht. Sie wollten den Bewohnern des Gebiets helfen und gleichzeitig etwas für die Erhaltung des Regenwaldes tun.

Anita Roddick fand verschiedene Pflanzen und Öle, die sie in ihren Körperpflegeprodukten verwenden wollte. Ben beschloß, aus Paranüssen einen Regenwald-Crunch-Riegel herzustellen. Dazu gründete er eigens eine neue Firma, die es ihm ermöglichte, den gesamten Gewinn aus diesem Produkt für die Erhaltung des Regenwaldes zu verwenden.

Ben entwickelte also in seiner Experimentierküche das Rezept für den Regenwald-Crunch. Nachdem er mit dem Verkauf des Produkts begonnen hatte, merkte er, daß bei der Verarbeitung der Nüsse große Mengen von Nußmehl entstanden, die zunächst weggeworfen wurden. Er kam auf die Idee, daß man aus diesem Abfallmehl Plätzchen backen konnte. So entwickelte er ein Rezept für einen Regenwald-Crunch-Cookie und fragte uns, ob wir interessiert seien, diese Plätzchen zu backen. Zwar kommen ständig Leute mit Ideen für neue Gebäckspezialitäten zu uns, die uns gewöhnlich nicht interessieren, doch gab es drei gute Gründe für uns, Bens Regenwald-Crunch-Cookies zu backen: Erstens sollte der Verkauf der Plätzchen zur Erhaltung des Regenwaldes beitragen, zweitens war dies für uns ein völlig neuer Geschäftsbereich, und drittens wollten wir gern mit Firmen wie Ben & Jerry's und Ben's Community Products zusammenarbeiten, die soziales Verantwortungsbewußtsein und Engagement als wichtige Aufgaben von Wirtschaftsunternehmen ansahen.

Mittlerweile arbeiten wir daran, die Regenwald-Crunch-Cookies nach Japan zu exportieren. Wir hoffen, den Japanern Regenwald-Cookies im Wert von einer Million Dollar im Jahr verkaufen zu können. Die Keksdosen enthalten eine wunderschöne Darstellung des Regenwaldes und ein Informationsblatt über die Idee des regenerativen Landbaus, das dazu beitragen soll, der japanischen Öffentlichkeit die Probleme der Regenwaldvernichtung nahezubringen. Nicht schlecht für ein Produkt, das als »Abfall« begann.

12

Das Mahl des selbständigen Lebens

*A*uf der ersten Mieterversammlung vor unserem ersten Erntedankfest stellte jemand die Frage: »Was wird das Greyston Family Inn am Erntedanktag für uns tun?«

Diese Frage war für jemanden, der noch von der Sozialhilfe abhängig war, nicht weiter verwunderlich, denn in diesem System bekamen die Hilfsbedürftigen ein paarmal im Jahr zu bestimmten Feiertagen (zumindest relativ gesehen) eine Menge geschenkt. Ich antwortete einfach: »Ja, was werdet ihr zum Erntedankfest machen? Ihr seid nun Mitglieder des Greyston Family Inn, und ihr seid selbst dafür verantwortlich, was gemacht wird.«

Die Person, die die Frage gestellt hatte, sagte daraufhin nichts mehr. Ich fuhr fort: »Ich hatte mir zum Beispiel gedacht, ihr könntet für eure Freunde, die noch in den Motels leben, ein Fest veranstalten, ein Erntedankessen.«

Die Mieter waren über meinen Vorschlag schockiert.

Sie sagten: »Auf keinen Fall! Das werden wir ganz bestimmt nicht tun. Das sind doch lauter Junkies. Es würde ein schreckliches Erntedankfest. Wir würden sie nicht mehr aus dem Haus bekommen. Wir wollen all das hinter uns lassen.«

Daraufhin sagte ich: »Ihr müßt doch noch ein paar Freunde in den Motels oder auf der Straße haben.«

Das bestritten sie heftig. Sie sagten: »Diese Leute sind nicht mehr unsere Freunde.«

Die Frau, die das Thema Erntedankfest angeschnitten hatte, sagte: »Ich will kein großes Fest. Ich möchte das Erntedankfest nur mit meiner Familie feiern.« Sie war Großmutter und obdachlos geworden, als ihre Tochter mit dreizehn Jahren ein Baby bekommen hatte. Die Tochter war weggelaufen, und da sie ihre Arbeit aufgegeben hatte, damit sie sich um ihr Enkelkind kümmern konnte, hatte sie ihre Wohnung verloren. Ihr Wunsch, das Erntedankfest nur mit ihrer Familie zu feiern, war verständlich.

Die Weigerung der Mieter, Menschen, die noch in den Motels lebten, zum Fest in ihr neues Heim zu holen, mochte auf den ersten Blick engherzig wirken, doch war sie zum betreffenden Zeitpunkt ein positives Zeichen. Diese Leute hatten erkannt, daß man ein gewisses Maß an Sicherheit und Selbständigkeit braucht, bevor man anderen helfen kann.

Von Anfang an hatte das Greyston Family Inn die Aufgabe, obdachlosen Familien in Yonkers zu helfen, die sich auf eigene Füße stellen und sich von der Sozialfürsorge unabhängig machen wollten. Wir boten ihnen ein spezielles Programm an, dessen Sinn wir ihnen so genau wie möglich zu erklären versuchten. Die Teilnehmer wußten also von Anfang an, was auf sie zukam.

Natürlich konnten wir niemanden zur Teilnahme am Greyston-Programm zwingen. Nach dem Einzug ins Haus blieb es den Mietern selbst überlassen, was sie in ihren vier Wänden taten und wie sie ihr Leben gestalteten. Doch hatten wir natürlich versucht, Leute auszuwählen, die sich wirklich für unser Konzept interessierten und bei denen gute Chancen bestanden, daß sie an dessen Umsetzung mitarbeiten würden.

Zuerst luden wir die Obdachlosen, die in den Motels um Yonkers lebten, zu einer Versammlung ein, auf der ich das Greyston-Family-Inn-Programm vorstellte, die Anwesenden über ihre Situation berichten ließ, Fragen beantwortete und Interessierten Anmeldeformulare für die geplanten wöchentlichen Vorbereitungskurse gab.

Am Anfang führten wir jeden Samstag zwei Kurse durch, einen am Morgen und einen am Nachmittag. An jedem nahmen ungefähr zwanzig Personen teil. Während der Kurse gab es eine Kinderbetreuung, doch mußten die Teilnehmer es zunächst einmal schaffen, samstags mit ihren Kindern rechtzeitig den Bus zu erreichen, mit dem wir sie abholen ließen. Das rechtzeitige Erreichen dieses Busses und die regelmäßige Kursteilnahme waren wichtige Kriterien für die weitere Teilnahme an unserem Programm.

Bei den ersten Treffen beschäftigte sich die Gruppe mit der Entwicklung von Selbstachtung und Selbstwertgefühl. Anschließend behandelten wir Probleme der Kommunikation und Interaktion innerhalb einer Gruppe. Beispielsweise versuchten wir mit Hilfe von Spielen und Übungen zu veranschaulichen, welche Vorzüge Zusammenarbeit gegenüber dem Einzelkämpfertum hat. Außerdem stellten wir fest, über welche grundlegenden Fähigkeiten die Teilnehmer verfügten, und wir versuchten, diese weiterzuentwickeln.

Wir erklärten den Teilnehmern der Kurse, daß das Haus, das wir renovieren wollten, weder ein Obdachlosenquartier noch eine Suppenküche werden sollte, sondern ein Haus mit normalen Wohnungen, die die Mieter dauerhaft beziehen sollten. Wir stellten auch klar, daß die Bewohner sich irgendwann völlig selbständig um ihre Wohnungen kümmern und sie sogar erwerben sollten.

Der Wechsel von einem Leben als Sozialhilfeempfänger zu einem Leben materieller Unabhängigkeit ist nicht leicht. So demütigend das Sozialsystem auch wirken mag, es garantiert den Betroffenen einige wichtige Dinge: Essen aus einer Suppenküche, einen Platz in einem Motel und Einkaufstüten voller Geschenke zum

Erntedankfest und zu Weihnachten. Diese Art von Hilfe wirkt ungefähr so, als würde man ständig Süßigkeiten essen: Sie macht süchtig. Sobald man die eine Süßigkeit aufgegessen hat, will man die nächste. Wenn man damit rechnet, daß man gewisse Dinge auf jeden Fall bekommt, ohne etwas dafür tun zu müssen, so kann man leicht die Fähigkeit verlieren, Dinge wieder selbst in die Hand zu nehmen und zu verändern, und diese Einstellung raubt Menschen jeden Elan. Das Wichtigste, was Menschen brauchen, ist den Glauben daran, daß sie sich verändern können und daß sie in der Welt etwas erreichen können.

Den Bewerbern für unser Wohnungsprojekt sollte absolut klar sein, daß sie sich bei dem, was wir vorhatten, im Endeffekt besser fühlen würden als in ihrer augenblicklichen Situation, denn welche Vorteile die übliche Sozialhilfe ihnen zu bieten hatte, wußten sie ja schon. Hingegen würden sie in unserem Haus ihr Leben selbst in die Hand nehmen und sich um all die Probleme kümmern müssen, die ein eigenverantwortliches Leben mit sich bringt. Einigen war unser Intensivprogramm zu anstrengend. Sie tauchten einfach nicht mehr auf und hatten sich damit entschieden.

Auch Drogenkonsum war in den Vorbereitungskursen ein wichtiges Thema. Jeder, der sich als Mieter bewarb, sprach mit einem Drogenberater, und einige, die wegen ihres Drogenkonsums zu labil waren, mußten abgewiesen werden. Ein paar Familien schienen in

eine Kategorie zu fallen, die wir »Wochenendkrieger«
nannten – Leute, die gelegentlich zu harmloseren Drogen griffen. Doch wie alle anderen, die sich für das
Wohnprojekt bewarben, unterschrieben auch sie eine
Erklärung mit folgendem Wortlaut: »Ich habe zur
Kenntnis genommen, daß der Konsum von Drogen in
diesem Gebäude nicht gestattet und ein Kündigungs-
grund ist.« Außerdem unterschrieben sie auch, daß sie
bereit waren, sich jederzeit auf Drogenkonsum hin untersuchen zu lassen.

Als wir eine Art Zwischenprüfung durchführten, waren die beiden ursprünglich zwanzigköpfigen Gruppen auf jeweils etwa zehn Personen zusammenge-
schrumpft. Daraufhin faßten wir die beiden Kurse zu
einem zusammen, der von diesem Zeitpunkt ab jeden
Samstag für fünf bis sechs Stunden stattfand. Nach
acht Monaten waren von den zwanzig nur noch sechzehn Familien übriggeblieben. Aus diesen sechzehn
wählten wir zwölf aus, weil wir den Zustand der übrigen vier immer noch für zu labil und riskant hielten.
Dann erhielten wir von einer Institution mit Namen
Project Self-Sufficiency einen Zuschuß, um mit einer
anderen Gruppe ein ähnliches Programm durchzufüh-
ren. Dieser Kurs dauerte einen Monat, und die Treffen
fanden in diesem Fall täglich statt. Aus dieser Gruppe
wählten wir weitere vier Familien aus.

Bei der Abschlußfeier im Festsaal einer Schule wurden den Teilnehmern der Kurse im Rahmen einer fei-

erlichen Zeremonie Zeugnisse überreicht, auf denen stand: »Erfolgreiche Teilnahme am Kurs des Greyston Family Inn.« Die Teilnehmer hatten Familienangehörige und Freunde eingeladen, und auch ein paar lokale Berühmtheiten waren gekommen. Die Teilnehmer waren völlig überwältigt von der Situation, denn die meisten von ihnen hatten noch nie in ihrem Leben ein Zeugnis für irgend etwas bekommen.

Chance und Wahlfreiheit

Auch als das Haus bezogen wurde, versuchten wir weiter, die Prinzipien der freien Entscheidung und der Eigenverantwortung in den Vordergrund zu stellen. Nichts wurde den neuen Mietern einfach gegeben.

Um bei der Verteilung der gespendeten Möbel für die Wohnungen eine gewisse Entscheidungsfreiheit und Eigenverantwortlichkeit zu gewährleisten, veranstalteten wir eine Art Lotterie, durch die festgelegt wurde, in welcher Reihenfolge die Teilnehmer aus dem existierenden Fundus Möbel auswählen konnten. In der Lotterie wurden also keine Möbelstücke verlost, sondern es wurde nur die Reihenfolge der Auswahlberechtigung festgelegt. *Was* die einzelnen dann jeweils auswählten, blieb ihnen selbst überlassen. Die Familie, die die Nummer 1 zog, durfte als erste ein Möbelstück auswählen. Dann war die Familie mit der Nummer 2 an der Reihe, und so ging es weiter. Jeder hatte die Freiheit, sich als erstes einen Farbfernseher oder einen großen Küchentisch auszuwählen. Es war Sache der einzelnen, welche Prioritäten sie setzten und welche Bedürfnisse sie dadurch in den Vordergrund stellten, denn das Möbelbudget für jede Wohnung war begrenzt. Die Mieter konnten niemand anderen für ihre Entscheidungen verantwortlich machen. Alle waren den gleichen Beschränkungen unterworfen, aber alle konnten selbständig entscheiden.

Wenn Obdachlose Häuser beziehen, bekommen sie gewöhnlich von irgendeiner Sozialhilfestelle entweder Möbel oder Wertmarken für den Kauf von Möbeln, ungefähr so wie Essensmarken. Wenn sie Möbel bekommen, wird ihnen dadurch natürlich die Möglichkeit genommen, auf die Einrichtung ihrer Wohnung selbst Einfluß zu nehmen. Und wenn sie Wertmarken im Wert von zwei- oder dreihundert Dollar bekommen, können sie damit praktisch nur in Ramschläden einkaufen.

Deshalb hatten wir eine ansehnliche Sammlung von soliden Möbeln zusammengestellt, die wir mit Spenden von Einzelpersonen und Gruppen gekauft hatten. Die einzelnen Stücke bewerteten wir preislich so, daß die Familien nach einem Wertmarkensystem eine ganze Wohnung möblieren konnten. Mit den restlichen Wertmarken kauften wir Möbel für die Gemeinschaftsräume. So wurde die Möblierung der Wohnungen für die Mieter zu einer Übung, die der Stärkung ihrer Selbständigkeit und Selbstachtung diente.

Nachdem die Mieter das Gebäude bezogen hatten, wurde die Mieterorganisation zum Katalysator für die Entwicklung von Selbständigkeit und Gemeinsinn. Sie half bei der Lösung von Konflikten und organisierte die Familienbetreuung und gemeinsame Aktivitäten. Die Mitglieder trafen sich regelmäßig, um über organisatorische Fragen und über die Instandhaltung des Gebäudes zu sprechen, um sich über Pacht und Mieterrechte zu informieren und sich mit den finanziellen Voraussetzungen für einen anteilmäßigen Erwerb des Gebäudes zu beschäftigen.

Anfangs wurden die wöchentlichen Versammlungen von einem Organisator geleitet, der den Mietern beibrachte, wie Versammlungen geführt werden. Allmählich übernahmen die Mieter dann immer mehr Aufgaben selbständig. Sie wählten einen Vorsitzenden, einen Sekretär und einen Schatzmeister, lernten, sich bei den Versammlungen an gewisse Ordnungsprinzipien zu halten, bildeten Komitees und entwickelten allmählich Vertrauen in sich selbst und ineinander.

»Schließlich merkte ich, was Drogen und Alkohol in meinem Leben angerichtet hatten«, sagt einer der Mieter. »Mir wurde klar, daß ich nicht schlecht, sondern krank war und Hilfe brauchte. Es dauerte eine Weile, bis ich das kapiert hatte. Zuerst ging es mir gegen den Strich, wie die Dinge bei Greyston liefen. Alles machte mir sehr viel angst. Doch seit einiger Zeit lebe ich gern hier und stelle fest, daß ich plötzlich Dinge tun kann, die mir immer unerreichbar erschienen waren. Und nicht nur das. Andere Menschen glaubten plötzlich an mich. Können Sie sich vorstellen, was es für mich bedeutete, zum Schatzmeister der Mieterorganisation gewählt zu werden? Ich habe nie ein Bankkonto gehabt, nur einmal vor etwa zehn Jahren ein paar Monate lang. Aber ich lerne jetzt sehr schnell, und das gefällt mir sehr.«

Von der Obdachlosigkeit zum Wohnungseigentum

Weil wir Selbständigkeit für so wichtig halten, wollen wir allen, die in der Warburton Avenue 68 wohnen, die Möglichkeit geben, ihre Wohnungen zu einem sehr fairen Preis zu kaufen.

Allerdings können die Mieter sich nur schwer vorstellen, daß sie das schaffen. Im Augenblick zahlen sie als Miete ein Drittel ihres Einkommens, und den Rest der Miete übernehmen staatliche Institutionen. Die Miethöhe wird von der Regierung festgesetzt, wobei ein für die Gegend angemessener Quadratmeterpreis zugrunde gelegt wird.

Der Übergang von der Obdachlosigkeit zum festen Wohnsitz und später vielleicht sogar zum Wohnungseigentum ist ein sehr schwerer und langwieriger Prozeß. Der Schlüssel zur eigenen Wohnung ist zwar ein ungeheuer wichtiger Schritt, aber eben nur der erste. Menschen brauchen Zeit, um die Wunden der Obdachlosigkeit heilen zu lassen, und das gleiche gilt auch für die Erholung vom Drogen- und Alkoholkonsum. Da die Mieter meist seit Jahren nichts mit Banken, Telefongesellschaften und öffentlichen Institutionen zu tun gehabt haben – manchmal sogar noch nie –, müssen sie eine Menge lernen.

Um ein Anrecht auf den Kauf ihrer Wohnung zu erwerben, müssen die Hausbewohner aktive Mitglieder der Mieterorganisation werden und sich für die Instandhaltung und den Betrieb des gesamten Gebäudes engagieren. Die Mieterorganisation umfaßt verschiedene Komitees, darunter eines für Sicherheit und eines für den Aufbau eines Notfonds, den die Familien selbst gegründet haben und der ihnen helfen soll, ihre Stromrechnung zu bezahlen. Mitglieder der Mieterorganisation genießen auch bestimmte Vorteile und Vergünstigungen. Beispielsweise können sie den Gemeinschaftsraum für Feste benutzen und Fernsehgeräte und Videorecorder leihen.

Unabhängig von den Angeboten der Mieterorganisation können alle Mieter an verschiedenen Beratungen und Trainings teilnehmen. Viele Mieter nehmen auch an Programmen für Drogen- oder Alkoholprobleme teil.

Bisher haben die Resultate unsere Erwartungen weit

übertroffen. Als die Mieter in das Gebäude einzogen, hatte nur einer von ihnen eine Arbeit und verlor diese kurz darauf wieder, teilweise infolge der psychischen Belastung, die das ungewohnt nahe Zusammenleben mit seiner Frau und seinen Kindern für ihn mit sich brachte. Doch innerhalb von fünf Monaten hatten elf der fünfundzwanzig erwachsenen Mieter eine Arbeit gefunden. Vier arbeiteten innerhalb des Hauses in der Kinderbetreuung, und von diesen beabsichtigten einige, sich zu Hilfslehrern und später zu Lehrern ausbilden zu lassen. Ein Mieter arbeitete in der Bäckerei und ein anderer als Hausmeister des Hauses. Die übrigen hatten andere Arbeiten gefunden. Sechs besuchten Kurse, durch die sie den High-School-Abschluß nachholen konnten. Einer studierte Radiologie an einem College, und drei schlossen einen von der Greyston Family Inn durchgeführten Textverarbeitungskurs für Anfänger ab und besuchten anschließend einen Fortgeschrittenenkurs in einem Ausbildungszentrum in der Stadt.

Doch die größte Veränderung war für die Hausbewohner wohl, daß sich ihre Verzweiflung in Hoffnung umgewandelt hatte. Ein Mieter sagte: »Wichtiger als alles andere – die Wohnung, die Kinderbetreuung und die Hilfe bei der Arbeitssuche – ist das, was Greyston tut, um die Leute zu ermutigen. Wenn man eine Weile obdachlos gewesen ist, wenn man erst einmal das Gefühl entwickelt hat, völlig allein dazustehen, leidet darunter natürlich das Selbstwertgefühl. Man sieht sich dann selbst so, wie die Öffentlichkeit einen Obdachlosen sieht: als jemanden, der der Gemeinschaft nichts zu bieten hat.«

Eine Mieterin, die nach zweijähriger Obdachlosigkeit und Arbeitslosigkeit mit ihrem neugeborenen Kind und ihrem Mann zu Greyston kam, faßte ihre Erfahrungen so zusammen: »Wenn jemand mir letztes Jahr um diese Zeit gesagt hätte, ich würde eine schöne Wohnung bekommen und für mein Kind einen Platz in einer Kinderbetreuungsstätte, und ich selbst könnte zur Schule gehen und hätte dann die Aussicht, anschließend innerhalb von sechs Monaten eine Arbeit zu finden – ich hätte das nicht geglaubt. Ich kannte nämlich niemanden, der obdachlos war und da wieder herausgekommen ist. Aber genau so ist es gelaufen. Ich bin noch nicht völlig über den Berg, aber es wird klappen. Ich weiß, daß ich es schaffen werde.«

Solche Fortschritte sind ungeheuer ermutigend. Doch zu jedem Hoch gehört auch ein Tief. Jeder Erfolg erzeugt neue »Probleme«. Weil das Mahl, das im Greyston Family Inn serviert wird, so reichhaltig ist, müssen wir trotz unserer Erfolge aufpassen, daß die Leute nicht krank werden, weil sie zu viel zu schnell essen. Sie müssen genügend Zeit haben, um all die neuen Informationen und Erfahrungen verarbeiten zu können. Man muß immer wieder überprüfen, was Menschen tatsächlich brauchen, was sie wollen und was sie verkraften können. Manche meinen, es sei am besten, wenn sie an möglichst vielen Programmen teilnähmen. Doch zu schnelle Konfrontation mit zu vielen Dingen kann eine seelische Überlastung verursachen und eine anfangs positive Entwicklung ins Stocken bringen. Von der Obdachlosigkeit erholt man sich nicht über Nacht; das ist ein langwieriger Prozeß.

Der fünfte Gang

Rezepte für die Gemeinschaft

13

Indras Netz

*E*ines der zentralen Prinzipien des Zen-Kochs ist, daß nichts völlig unabhängig existiert. Alles ist mit allem verbunden und von allem abhängig.

Obwohl jeder Mensch selbst für sein Leben und für seine Arbeit verantwortlich ist, kann niemand von uns seine Arbeit ganz allein tun. Das gilt ganz besonders, wenn wir anderen helfen wollen. Um das Große Mahl anzurichten, müssen wir alle zusammenarbeiten.

Die Zusammenarbeit des Zen-Kochs mit anderen basiert auf der Vision von Indras Netz. Man könnte es als das Lebensmodell des Zen bezeichnen. Indra, ein König im alten Indien, hielt sich für sehr wichtig. Eines Tages teilte er dem königlichen Architekten mit, er wolle ein Monument zum Angedenken an sich errichten lassen, etwas, das alle Menschen schätzen würden.

Daraufhin schuf der Architekt des Königs ein riesengroßes Netz, das Raum und Zeit überspannte. Und der Schatzmeister des Königs setzte auf jeden Knotenpunkt des Netzes eine glänzende Perle. Jede dieser Perlen spiegelte sich in jeder anderen Perle. Jede einzelne Perle – und das bedeutet: jeder Mensch, jedes Ereignis – enthielt das gesamte Netz Indras, einschließlich des gesamten Raums und der gesamten Zeit.

Wenn wir uns vorstellen, daß wir alle leuchtende Perlen in Indras Netz sind, wird uns klar, daß jeder von uns das gesamte Universum in sich enthält. Da wir durch Indras Netz ohnehin miteinander verbunden sind, sind unsere Möglichkeiten, in unserem Leben und in unserer Arbeit zu anderen Menschen in Beziehung zu treten, unbegrenzt.

Die meisten Menschen arbeiten in einer Art »Netzwerk« mit anderen zusammen, die ähnliche Interessen und Bedürfnisse haben. Wirtschaftsprüfer arbeiten mit Kollegen zusammen, Dichter mit anderen Dichtern, Buddhisten mit anderen Buddhisten. Diese Art von Zusammenarbeit hat sicherlich ihren Wert, beispielsweise wenn wir bei der Lösung eines schwierigen Problems Hilfe brauchen. Doch ist sie als generelle Strategie nicht unbedingt ideal, weil der Zirkel, innerhalb dessen man dabei kommuniziert, im Lauf der Zeit immer kleiner wird, wodurch auch das Netz letztlich immer kleiner, nicht größer wird. Steuerberater sprechen irgendwann nur noch mit anderen Steuerberatern, Dichter nur noch mit Dichtern, und die Zen-Buddhisten einer bestimmten Schule nur noch mit Angehörigen ihrer Schule.

Kommunikation im Sinne der Vision von Indras

Netz beinhaltet, daß wir zu einem möglichst großen Teil des gesamten Netzes in Beziehung treten. Und dazu müssen wir unsere Zielsetzungen so formulieren, daß die verschiedenartigsten Menschen sich darin wiederfinden können. Wenn ich mich auf eine sehr enge Weise definiere, beispielsweise als Mönch des Zen-Buddhismus, der eine Bäckerei betreibt und Obdachlosen eine Unterkunft gibt, beschränke ich dadurch das Netz derer, mit denen ich zusammenarbeite, auf Zen-Buddhisten, Bäcker und Sozialarbeiter.

Ich kann meine Mission – oder mein Gelübde, um einen Ausdruck des Zen-Buddhismus zu benutzen – aber auch wesentlich umfassender definieren. Beispielsweise kann ich sagen, daß ich mir zum Ziel gesetzt habe, das Große Mahl zum Wohl aller Wesen anzurichten. In diesem Fall ist das Netz, das ich spanne, ungeheuer groß, denn diese Formulierung gibt mir die Möglichkeit, mit jedem zusammenzuarbeiten, der die Lebensqualität auf diesem Planeten verbessern will. (Natürlich schränkt man durch Bevorzugung spezieller Ansatzpunkte und Arbeitsweisen die Möglichkeiten der Zusammenarbeit auf ein bestimmtes Segment des Gesamtnetzes ein. Doch auch in diesem Fall – und *ganz besonders* dann – ist es wichtig, sich immer wieder klarzumachen, daß man Teil eines größeren Netzes ist.)

Wenn wir entsprechend der Vision von Indras Netz mit anderen zusammenarbeiten, beziehen wir völlig selbstverständlich die unterschiedlichsten Menschen in unsere Aktivitäten ein. Bei der Suche nach Vorstandsmitgliedern für das Greyston Family Inn versuchten wir, ein möglichst breites Spektrum von Bürgern der Stadt Yonkers in den Vorstand aufzunehmen. Weil wir unser Netz so weit ausgespannt hatten, erklärten sich zwei frühere Bürgermeister von Yonkers, Al DelBello und Angelo Martinelli, bereit, in den Vorstand einzutreten. Angelo war Republikaner, Al Demokrat, und sie hatten mehr als einmal gegeneinander kandidiert. In einem Wahlkampf war es zwischen ihnen sogar zu einer regelrechten Schlammschlacht gekommen. Beide kämpften mit ungeheurem Engagement für die Verbesserung der Lebensqualität in Yonkers, und beide erkannten, daß wir genau die gleichen Ziele hatten wie sie. Ihre Verbindungen reichten über die Stadt hinaus zur Gemeinde und zum Bundesstaat und waren uns beim Umgang mit Institutionen sehr nützlich. Wenn irgendwo eine Verzögerung eintrat oder etwas schiefging, konnten wir immer darauf zählen, daß entweder Al oder Angelo wußte, wen man anrufen mußte, um das Problem zu lösen.

Wir alle kennen Leute, die auf keinen Fall mit uns zusammenarbeiten wollen. Doch Menschen, die nicht mit *uns* zusammenarbeiten wollten, waren vielleicht bereit, mit Al zusammenzuarbeiten; und diejenigen, die nichts mit Al zu tun haben wollten, hatten vielleicht gegen eine Kooperation mit Angelo nichts einzuwenden. Durch die Zusammenarbeit mit Vertretern unterschiedlicher Standpunkte – in diesem Fall Al und Angelo – verdoppelten wir die Möglichkeiten unseres Netzwerks nicht nur, sondern wir vervierfachten sie.

Mache dir keine Sorgen über Konkurrenz

Häufig sehen wir andere Menschen, die im gleichen Bereich arbeiten wie wir – ob in der Wirtschaft, in sozialen Hilfsorganisationen oder sogar im spirituellen Bereich –, als Rivalen oder Konkurrenten an. Dieses Gefühl entsteht, weil wir Angst haben, daß die verfügbaren Ressourcen begrenzt sind und daß wir zu kurz kommen könnten, wenn jemand anders gute Arbeit leistet.

In Wirklichkeit ist es oft genau umgekehrt. In vielen Fällen sind Rivalen, ohne es selbst zu merken, ausgezeichnete Verbündete. Wenn wir unsere Hintergedanken und Ängste aufgeben und uns mit unserem »Gegner« an einen Tisch setzen, stellt sich häufig heraus, daß wir einander ausgezeichnet ergänzen, weil jeder eine spezielle Zutat oder eine Sichtweise beisteuern kann, die dem mutmaßlichen »Gegner« fehlt.

Die Welt ist so riesig, und es gibt so viel zu tun, daß es unsinnig wäre, sich über Konkurrenten Sorgen zu machen. Auch bei einem Festmahl macht man sich ja keine Sorgen darüber, daß die anderen Gäste das ganze Essen wegessen könnten.

Sinnvoller ist es, Konkurrenten als Gäste willkommen zu heißen und sie möglichst zu Verbündeten zu machen, mit denen wir zusammenarbeiten und von denen wir lernen können. Wenn Menschen mich anrufen und wissen wollen, wie wir arbeiten, bin ich ihnen gegenüber immer offen. Uns ist geradezu daran gelegen, daß andere sich in ähnlicher Weise engagieren wie wir. Uns ist es recht, wenn andere unsere Modelle kopieren.

Wir haben Leute in unserer Bäckerei beschäftigt, von denen wir wußten, daß sie ähnliche Bäckereien gründen wollten. Beispielsweise haben wir den Trappisten-Mönchen von Snowmass geholfen, ihr eigenes Angebot an Gebäck zu entwickeln. Wir haben sogar ein Kochbuch veröffentlicht, das *Greyston Bakery Cookbook*, das alle Rezepte für unsere einzigartigen Spezialitäten enthält. Deshalb brauchen wir uns jetzt keine Sorgen mehr darüber zu machen, daß irgend jemand unsere Rezepte stehlen könnte!

Konkurrenzgefühle fördern außerdem ein Klima der Heimlichtuerei. Dadurch kann leicht eine paranoide Atmosphäre entstehen, und außerdem wird der dubiose Wirtschaftszweig der Industriespionage gefördert. Wer Spione beschäftigt, muß sich ständig vor Doppelagenten fürchten, die für beide Seiten arbeiten, und das schafft so viele Komplikationen, daß ein Unternehmen dadurch sehr geschwächt werden kann. Setzt man hingegen in jeder Hinsicht auf Offenheit und hat keine Geheimnisse, die gestohlen werden könnten, dann kann man sich auf den freien Informationsaustausch und auf die Entwicklung von Kooperation innerhalb des eigenen Unternehmens konzentrieren. Statt der Saat des Mißtrauens entfalten sich dann Harmonie und Stärke.

Heimlichtuerei mag uns kurzfristig als besonders clever erscheinen, doch wirkt sie sich auf die längere Sicht eher negativ auf das Wachstum eines Unternehmens aus.

Die Anwendung der Netzwerk-Idee innerhalb einer Firma

Es reicht nicht, nur nach außen im Sinne der Netzwerk-Idee zu arbeiten. Man sollte sich auch innerhalb eines Unternehmens daran orientieren, wenn es darum geht, für bestimmte Aufgaben die richtigen Leute zu finden.

Je größer eine Organisation ist, um so wichtiger ist es, daß man Manager findet, mit denen man gut zusammenarbeiten kann. Sie sollten vor allem zwei Kriterien erfüllen: Erstens sollten sie über die erforderlichen fachlichen Qualifikationen verfügen, und zweitens sollten sie die Vision des Unternehmens verstehen und in die Tat umsetzen können. Sie müssen jedoch nicht unbedingt genau die gleiche Vision haben wie der Chef oder der Vorstand. Das ist sogar ziemlich unwahrscheinlich, weil wir alle einzigartige Individuen sind.

Es reicht, daß die Vision eines Managers mit derjenigen des Chefs oder der Unternehmensleitung zu vereinbaren ist.

Nehmen Sie sich Zeit, einen solchen Menschen zu finden. Ich habe zwei Jahre lang mit unzähligen Leuten gesprochen, bis ich Jef Hoeberichts fand, der Leiter der Greyston-Bäckerei wurde. Jef arbeitete zunächst als Berater für uns. Er interessierte sich nicht besonders für Zen. Doch hatte er sich mit Haut und Haaren der Idee verschrieben, auf allen Unternehmensebenen Arbeitsgruppen zu gründen, die weitgehend selbständig arbeiteten. Und diese Vision paßte ausgezeichnet zu unserer Vorstellung, Menschen zur Selbständigkeit anzuleiten.

14

Konditoren mit sozialem Bewußtsein

*E*ine Gruppe von »Unternehmern mit sozialem Verantwortungsbewußtsein« hielt 1987 in Gold Lake,
Colorado, eine Konferenz ab. Damals gab es einige In-
vestment-Gesellschaften, die sich weigerten, ihr Geld
Firmen zur Verfügung zu stellen, die gegen soziale und
ökologische Grundsätze verstießen. Allerdings gab es
kaum Investoren, die Unternehmen mit »ethischen«
oder »sozial verantwortungsbewußten« Zielsetzungen
aktiv unterstützten. Die Maxime der sogenannten
Ethik-Fonds lautete einfach: »Wir geben euch kein
Geld, weil ihr Frauen diskriminiert oder weil ihr in
Südafrika investiert oder weil ihr Bomben herstellt.«
Sie trafen ihre Entscheidungen also aufgrund von Ne-
gativkriterien. Während der Konferenz in Gold Lake
entstand nun die Idee, Gruppen mit ethisch beispiel-
haften Zielsetzungen finanziell zu unterstützen. So
entstand eine Organisation, die heute *Social Venture
Network* heißt.

Am Tag meiner Ankunft in Gold Lake lernte ich

Ben, Jerry und Jeff kennen. Ben und Jerry hatten in Vermont eine Speiseeiskette gegründet, und als das Unternehmen Erfolg hatte, übernahm ihr Freund Jeff die Buchhaltung und die juristische Betreuung.

Ich machte mit Ben einen Spaziergang um den Gold Lake, und wir erzählten einander von unserer Arbeit. Es stellte sich heraus, daß wir eine Menge gemeinsam hatten. Wir gehörten beide jener Elitegruppe an, die ich hier als »Konditoren mit sozialem Verantwortungsbewußtsein« bezeichnen möchte. Wir stammten beide aus Brooklyn. Und wir hatten noch etwas gemeinsam: Da meine Familie früher nicht gerade wohlhabend gewesen war, hatte ich schon in relativ jungem Alter Geld dazuverdient, unter anderem auch, indem ich im Sommer am Strand Eis verkaufte.

Andererseits gab es ziemlich große Unterschiede zwischen uns. Ben verstand sich als Geschäftsmann, der die Spiritualität in sein Leben einbeziehen wollte. Und er sah mich als einen spirituellen Menschen, der sich dem Bereich der Wirtschaft öffnen und diesen Aspekt in sein Leben integrieren wollte. Ich persönlich bin der Meinung, daß wir beide eher sozial verantwortungsbewußte Unternehmer als echte Geschäftsleute sind. Ben hat vor kurzem einmal zu mir gesagt, Segen und Fluch eines Unternehmers sei es, daß er überall Möglichkeiten sehe. Möglichkeiten gibt es deshalb überall, weil die Welt voller Bedürfnisse ist. Während ein gewöhnlicher Mensch in Panik gerät, wenn er sich der vielen unerfüllten Bedürfnisse bewußt wird, sagt der Unternehmer: »Großartig! Das gibt mir die Möglichkeit, etwas zu tun.«

Einige sozial verantwortungsbewußte Unternehmer stiften einen Teil ihres Gewinns für gute Zwecke. Dagegen ist nichts einzuwenden. Leute wie Ben und ich jedoch ziehen es vor, unsere Unternehmen von vornherein so zu gestalten, daß die normalen Geschäftsaktivitäten des Unternehmens zu positiven sozialen Veränderungen führen. Neuartig an Unternehmen wie der Greyston-Bäckerei und Ben & Jerry's sowie einigen anderen ist, daß die Idee des sozialen Engagements in die Unternehmensstruktur integriert ist.

Wenn Sie sich an dem Modell orientieren, daß Sie Geld verdienen und damit dann andere Ziele verfolgen wollen, ist die treibende Kraft Ihres Unternehmens Profit, nicht soziales Engagement. Auch die Tatsache, daß Sie einen Teil Ihres Gewinns für gute Zwecke spenden, ändert dann nichts daran, daß Ihr Unternehmen vom Motiv des Profits getrieben wird. Auch wir haben so angefangen, doch besteht unser soziales Engagement mittlerweile nicht mehr darin, daß wir Geld für gute Zwecke spenden, sondern wir schaffen Arbeitsplätze und setzen uns für eine positive Entwicklung des Gemeinwesens ein, in der wir leben. Denn es ist wesentlich direkter und effektiver, die eigenen Ressourcen zu nutzen, um das bestmögliche Umfeld für die Verwirklichung der eigenen Vision zu schaffen.

Nachdem Ben und ich ein paar Runden um den See gedreht hatten, fingen wir an, uns über Möglichkeiten der Zusammenarbeit Gedanken zu machen. Da Ben & Jerry's in Amerika eine Reihe von Franchise-Partnern hat, kamen wir als erstes auf die Idee, die Backwaren der Greyston-Bäckerei über diese Läden zu verkaufen. Doch mußten unsere Torten gekühlt werden, und in den Läden der Partner von Ben & Jerry's gab es keine Kühltheken. Sie hätten also entweder die Läden umbauen müssen, oder wir hätten Gebäck entwickeln müssen, das nicht in einer Kühltheke aufbewahrt zu werden brauchte.

Das nächste Mal trafen wir uns im Omega Institute in New York wieder. Ben, ich und Bob Schwartz, der Gründer des Tarrytown Conference Center, leiteten gemeinsam einen Workshop für Menschen, die vorhatten, der sozialen Verantwortung in ihrem Unternehmen oder in ihrem Beruf einen größeren Stellenwert einzuräumen. Ben war sehr interessiert daran, Zulieferer unter den sozial engagierten Betrieben zu finden. Er wollte diese Unternehmen durch Einkauf bei ihnen unterstützen und so etwas für die Entstehung eines Netzwerks tun, in das allmählich immer mehr Firmen hineinwachsen könnten.

Es stellte sich heraus, daß Ben ein Problem mit einer bestimmten Zutat hatte, einer Schokoladenwaffel für seine Eiscreme-Sandwiches, die aus zwei dieser Waffeln mit einem Schlag Vanilleeiscreme dazwischen bestanden.

Ben bekam diese Waffeln bisher von einer Bäckerei aus der Gegend von Boston. Es handelte sich um einen Auftrag im Wert von mehreren Millionen Dollar. Die Abhängigkeit von diesem einen Lieferanten machte Ben nervös: Das Unternehmen konnte die Preise erhöhen oder plötzlich schließen. Aus geschäftlichen Erwägungen heraus suchte er also nach einem zweiten Lieferanten, und aus sozialen Erwägungen heraus wollte er uns haben.

Doch da wir als zusätzlicher Lieferant für ein bereits existierendes Produkt fungieren sollten, mußten die Waffeln unserer Bäckerei genauso schmecken wie die des ursprünglichen Lieferanten. Ben versuchte schon seit zwei Jahren, eine andere Bäckerei für die Herstellung dieser Waffeln zu finden.

Da die Bäckerei in Boston nicht bereit war, ihr Rezept für die Schokowaffel preiszugeben, mußten wir das Rezept und das Herstellungsverfahren selbst neu entwikkeln, und es mußte genau das gleiche Resultat dabei herauskommen. Das bedeutete, daß der Geschmack stimmen mußte, nachdem das Eis zwischen die Waffeln gegeben, das Ganze gefroren, die Eiscreme in die Waffel eingezogen und sie dann zum Verzehr wieder aufgetaut worden war.

Zuerst waren wir uns sehr unsicher, ob wir uns an diesen Auftrag heranwagen sollten, weil er sich von allem, was wir bisher produziert hatten, sehr stark unterschied. Wir machten exklusive Torten und Cakes, Kuchen nach alter Tradition – von einem prämierten Käsekuchen bis hin zu kunstvoller Konditorware.

Diese Schokowaffel würde, obwohl von bester Qualität, unser erstes Massenprodukt sein. Und natürlich mußten wir zunächst einmal einiges in die für die Produktion benötigten Gerätschaften und Zutaten investieren, und wir mußten neue Mitarbeiter anlernen.

Trotz der sich abzeichnenden Schwierigkeiten reizte uns das Projekt. Die Waffelproduktion würde unseren Umsatz erheblich steigern und dadurch unserem Betrieb eine solide Grundlage geben, und da wir eine völlig neue Crew einstellen mußten, konnten wir noch mehr Menschen die Möglichkeit geben, sich ökonomisch unabhängig zu machen. Und nicht zuletzt reizte uns natürlich auch die Zusammenarbeit mit einem anderen sozial engagierten Unternehmen.

Ohne jede Erfahrung in dieser Art von Massenproduktion versuchten wir also, das Rezept der anderen Firma nachzuahmen, und es vergingen Wochen, bis unsere Waffel genau den richtigen Geschmack und die richtige Konsistenz hatte. Wir schickten immer wieder Proben nach Vermont zu Ben & Jerry's, wo sie in Blindtests geprüft wurden.

Schließlich hieß es, unsere Waffeln seien zwar immer noch nicht mit denjenigen der anderen Bäkkerei identisch, aber der Unterschied sei nun so gering, daß er keine Rolle mehr spiele. Wir konnten also mit der Massenproduktion beginnen und schafften die dafür notwendigen teuren automatischen Mixer und Backöfen an. Außerdem stellten wir neues Personal ein.

Dann kam die Katastrophe. Das Produkt war den Qualitätskontrolleuren bei Ben & Jerry's nun doch nicht gut genug, und der Auftrag wurde annulliert. Daraufhin forderte die Bank, die uns aufgrund des Großauftrags einen Investitionskredit gegeben hatte, wir sollten die Zusammenarbeit mit Ben & Jerry's beenden und uns wieder auf die Gebäck- und Kuchenproduktion beschränken. Sie wollten uns zwingen, unsere Verluste zu begrenzen, indem sie uns androhten, anderenfalls nicht nur den Investitionskredit, sondern auch den allgemeinen Kreditrahmen zu kündigen.

Wir hätten das ganze Unternehmen nun als gescheitert ansehen können. Wir hätten sagen können, daß wir einen Fehler gemacht hätten und die Bäckerei nun schließen müßten. Doch ich war fest davon überzeugt, daß es nicht darum ging, ob wir etwas »richtig« oder »falsch« gemacht hatten, sondern darum, daß wir unser Bestes versuchten. Es war uns wichtig, mit Ben & Jerry's zusammenzuarbeiten, weil auch wir uns zum Ziel gesetzt hatten, unternehmerische Aktivität mit sozialem Engagement zu verbinden. Deshalb experimentierten wir mehrere Monate lang weiter, indem wir die Zutaten immer wieder ein wenig veränderten, bis unsere Kunden schließlich zufrieden waren. Heute ist die Produktion dieser Schokowaffel ein wichtiges Standbein unserer Bäckerei und damit gleichzeitig eine wichtige Voraussetzung für die Erfüllung unserer sozialen Mission.

Viele Menschen tun keinen Schritt, solange sie sich nicht absolut sicher sind, daß es der richtige ist. In Amerika gibt es die Redensart: »Do the right thing.« Doch woher wollen wir wissen, was das Richtige ist? Völlig sicher wissen wir das nie. Vielleicht sollten wir einfach sagen: »Tu das, was als nächstes getan werden muß.« Und wenn wir das so gut machen, wie wir können – was immer es sein mag –, stellt sich am Ende vielleicht heraus, daß es außerdem auch das Richtige war.

15

Profit oder Non-Profit

Geschäftsleute reden über nichts lieber als über den Ertrag. Doch ist längerfristig zwischen dem Ertrag eines Wirtschaftsunternehmens, dem Resultat sozialen Engagements und der Arbeit an der spirituellen Entwicklung keine sinnvolle Trennung möglich. Der Ertrag besteht nämlich nicht nur im rein finanziellen Profit, sondern steht auch in Relation zu dem, was ein Unternehmen in einem Gemeinwesen bewirkt und welche Fortschritte die spirituelle Entwicklung seiner Mitarbeiter macht.

Auch wenn wir uns nur für Profit in Form von Mark und Pfennig interessieren, müssen wir uns um alle genannten Bereiche kümmern. Ein Unternehmen kann nur existieren, weil es Menschen gibt, die darin arbeiten, und weil es ein Gemeinwesen gibt, dessen Mitglieder die produzierten Waren kaufen. Und je engagierter die Arbeiter und Angestellten des Unternehmens sind und je wohlhabender das Gemeinwesen, um so größer ist der Gewinn des Unternehmens. Das ist einfachste

Logik. Ein Geschäftsergebnis, das neben dem rein finanziellen Profit auch das Wohl des Gemeinwesens und die spirituelle Entwicklung aller Beteiligten berücksichtigt, bringt daher letztlich auch den größten Profit.

Erfolg

Der Erfolg ist in jedem Unternehmen der wichtigste Antriebsfaktor. In profitorientierten Unternehmen wird er gewöhnlich am Reingewinn in Mark und Pfennig gemessen, bei einem Non-Profit-Unternehmen hingegen könnte man ihn beispielsweise daran messen, wie vielen Menschen die Organisation täglich etwas zu essen oder wie vielen Obdachlosen sie eine feste Wohnung beschafft.

Genaugenommen ist die Frage, worin denn nun der Unternehmensgewinn oder -erfolg besteht, nicht so einfach zu beantworten. In meiner Mathematik-Examensarbeit habe ich mich mit der Optimierungstheorie beschäftigt. Deshalb bin ich der Ansicht, daß man bei der Ermittlung des Gewinns oder Erfolgs nicht nur das meßbare positive Ergebnis der Geschäftsaktivitäten, sondern auch die »einschränkenden Bedingungen« – die Faktoren, die den meßbaren Erfolg relativieren – berücksichtigen muß. Wenn unser Blick auf den reinen Erfolg fixiert ist, erscheinen uns die einschränkenden Bedingungen als hinderlich. Doch kommen wir gar nicht darum herum, sie in unsere Pläne und Aktivitäten einzubeziehen, indem wir ihre potentielle Störwirkung nach Möglichkeit zu minimieren und sie eventuell sogar positiv zu nutzen versuchen.

Als ich bei McDonnell-Douglas beschäftigt war, arbeitete ich an der Vorbereitung einer Mars-Expedition mit. Natürlich sollte die Reise zum Mars möglichst wenig Zeit in Anspruch nehmen – einerseits, um Treibstoff zu sparen, und andererseits, damit die Astronauten möglichst schnell wieder zu ihren Familien zurückkehren konnten. Das war das angestrebte Ziel, dessen Erreichen wir als Erfolg definiert hatten. Doch gab es eine sehr wichtige einschränkende Bedingung: Je schneller das Raumfahrzeug flog, um so höher würde die Temperatur. Man kann die Geschwindigkeit eines Raumschiffs nicht beliebig erhöhen, weil es dann irgendwann verglüht.

Den Erfolg der Greyston-Bäckerei messen wir am Reingewinn in Dollar. Doch unterliegt auch in diesem Fall der Erfolg gewissen einschränkenden Bedingungen. Eine davon ist beispielsweise, daß die Menschen, die in der Bäckerei arbeiten, genug Geld verdienen müssen, um sich eine akzeptable Wohnung leisten zu können, und eine andere, daß sie auch eine Krankenversicherung bezahlen können. Außerdem haben wir selbst die einschränkende Bedingung festgelegt, daß die Bäckerei unsere sozialen Projekte unterstützen soll. Als weitere einschränkende Bedingung könnte festgelegt werden, daß die Mitarbeiter genügend Zeit und Energie für ihre Familie übrig haben oder die Möglichkeit haben sollen, sich um ihr spirituelles Wachstum zu kümmern.

Bei dem Greyston Family Inn, einem Non-Profit-Sozialprojekt, könnte man den Erfolg an der Zahl der Familien messen, denen dieses Projekt geholfen hat, sich von der Sozialhilfe unabhängig zu machen, und als einschränkende Bedingung könnte man in diesem Fall die Gelder ansehen, die das Greyston Family Inn an Mitarbeiter auszahlen muß.

Den Erfolg einer Zen-Gemeinschaft könnte man daran messen, wie viele Menschen durch das Wirken der Gemeinschaft erleuchtet werden. Doch eine »einschränkende Bedingung« könnte in diesem Fall sein, ob die Menschen, die Erleuchtung erlangt haben, auch glücklich sind! Oder ob sie gut mit ihrer Familie zusammenleben, ob sie in der Lage sind, ihren Lebensunterhalt auf akzeptable Weise zu verdienen, und ob sie anderen Menschen helfen.

Leider tendieren wir alle dazu, die Realität zu leugnen. Doch das Unangenehme an der Realität ist, daß sie uns hinterrücks immer wieder überfällt. Am Ende hat sie immer die Oberhand. Je mehr einschränkende Bedingungen wir akzeptieren, um so besser ist unser Realitätsbezug, und je besser unser Realitätsbezug ist, um so erfolgreicher ist unser Unternehmen. Manche Menschen sorgen sich darum, daß die Einbeziehung der einschränkenden Faktoren nur den Profit oder Erfolg des Unternehmens schmälert. Das ist eine Argumentation, die viele Unternehmer auch vorbrachten, als die Idee der Qualitätskontrolle aus Japan zu uns kam. Sie fürchteten damals, unter der Einbeziehung des Aspekts der Qualitätskontrolle könnte der Profit leiden. Doch war das nicht der Fall, und mittlerweile ist es allgemein üblich, die Qualitätskontrolle als wichtigen Faktor in die Ertragsermittlung einzubeziehen. Meiner Meinung nach müssen wir in Zukunft in jede Gewinn- oder Erfolgsermittlung eine Art Lebensqualitäts-Kontrolle einbeziehen, die bei der Berechnung des Unternehmenserfolgs Aspekte wie Spiritualität, Gesundheit und die Weiterentwicklung des Gemeinwesens berücksichtigt.

Profit oder Non-Profit

Profitorientierte Unternehmen denken meist nur an Geld, und Non-Profit-Unternehmen halten oft jeden Gedanken an Gewinn oder Unternehmenserfolg für etwas Schmutziges. Doch wenn sozial engagierte Non-Profit-Organisationen den Aspekt des Profits aus ihren Erfolgsberechnungen ausklammern, laufen sie Gefahr, die Menschen, für die sie sich engagieren, nicht im Streben nach finanzieller Unabhängigkeit zu unterstützen. Und wenn profitorientierte Unternehmen die Entwicklung des Gemeinwesens, in dem sie existieren, nicht in ihre Erfolgsrechnung einbeziehen, gefährden sie sowohl die Existenz ihrer eigenen Arbeiter und Angestellten als auch die ihrer Kunden.

Meines Erachtens liegt die Zukunft sowohl für Wirtschaftsunternehmen als auch für sozial engagierte Institutionen in einem synergetischen Modell, das sowohl Profit- als auch Non-Profit-Ansätze berücksichtigt und nutzt, denn beide können einander unterstützen.

Die Greyston-Bäckerei ist ein profitorientiertes Unternehmen mit der sozialen Zielsetzung oder Mission einer Non-Profit-Dienstleistungsorganisation. Im Sinne dieser Mission wurde Wert auf einen innerstädtischen Standort des Produktionsbetriebs gelegt, die Schaffung von Arbeitsmöglichkeiten für ungelernte Arbeiter wurde einer von Anfang an hochtechnisierten Produktion vorgezogen, und die Automatisierung wird nur in dem Maße vorangetrieben, wie die Arbeiter in die Arbeitsprozesse hineinwachsen und lernen, mit komplizierten neuartigen Maschinen umzugehen. Außerdem kommt die soziale Zielsetzung der Bäckerei in der Gründung von Arbeitsgruppen zum Ausdruck, die ihre Aktivitäten selbst organisieren, sowie in einer allgemeinen Atmosphäre der Unterstützung, des Respekts und der Freundlichkeit. Durch ihr soziales Engagement hat die Bäckerei Kunden gewonnen, die selbst ebenfalls für soziales Engagement eintreten, und dies hat sich sehr positiv auf die Geschäftsentwicklung der

Bäckerei ausgewirkt. Ein eindrucksvolles Beispiel hierfür ist, daß wir mittlerweile Alleinlieferanten der Schokowaffeln für Ben & Jerry's sind. Wegen der sozialen Komponente unserer Arbeit hat sich Ben & Jerry's für die ausschließliche Zusammenarbeit mit der Greyston-Bäckerei als Schokowaffel-Lieferant entschieden.

Andererseits ist für die Bäckerei gerade *wegen* ihrer sozialen Zielsetzungen die Erwirtschaftung eines soliden Gewinns sehr wichtig. In einer Untersuchung über Bäckerei-Großbetriebe, die im Jahr 1994 erstellt wurde, lag die Greyston-Bäckerei sowohl hinsichtlich ihres Gewinns als auch hinsichtlich ihres Vermögenswertes im oberen Drittel. Die Profit-Motivation kommt dem langfristigen Wachstum einer Organisation zugute und ermöglicht natürlich letztlich ihr Überleben, und erst auf dieser Basis ist es möglich, eine soziale Mission zu verwirklichen. Viele Non-Profit-Organisationen, die Arbeitslosen Möglichkeiten zur beruflichen Ausbildung anbieten und die gute Arbeit leisten, sind von Subventionen abhängig und können deshalb durch Eingriffe von außen zur Einschränkung oder völligen Einstellung ihrer Aktivitäten gezwungen werden. Durch Kombination des Profit-Ansatzes mit dem Non-Profit-Ansatz lassen sich die positiven Auswirkungen des sozialen Engagements mit den Vorteilen ökonomischer Unabhängigkeit verbinden.

Wir haben in der Greyston-Bäckerei angefangen, mit selbstverantwortlichen Arbeitsgruppen zu experimentieren, weil wir hoffen, durch ökonomische Anreize die individuelle Entwicklung unserer Mitarbeiter zu fördern.

Eigenverantwortliche Teams arbeiten am besten, wenn diese Organisationsform mit einem Prämiensystem verbunden wird: Je mehr die Gruppe leistet, um so mehr verdienen alle Mitglieder.

Die Gruppen entscheiden selbst darüber, wen sie aufnehmen, und sie arbeiten ihre Mitglieder auch selbst ein. Sie dulden niemanden, der starke Drogen- oder Alkoholprobleme hat, häufig fehlt oder ständig zu spät kommt, weil dann alle Verdiensteinbußen erleiden. Außerdem ist die Prämienregelung ein starker Anreiz für gute Zusammenarbeit.

Gewöhnlich entscheidet die Leitung eines Unternehmens über den Einsatz von Stechuhren und fordert genaue Rechenschaft über die Arbeitszeit. Vor einigen Monaten kam jedoch eine Angestellte in Jefs Büro und bat darum, eine Uhr installieren zu lassen. Als Jef wissen wollte warum, antwortete sie: »Ständig machen Leute Pause, und wir möchten wissen, wie lange sie Pause machen!«

Ungelernte Arbeiter und Menschen, die lange aus dem Arbeitsprozeß ausgeschieden sind, können nicht

über Nacht zu erfahrenen und verantwortungsbewußten Mitarbeitern werden. Deshalb haben wir ein Drei-
Phasen-Programm entwickelt.

In der ersten Phase unterliegen die neu eingestellten
Arbeiter einer strengen Aufsicht. Sie sollen zunächst ei-
nige grundlegende Dinge lernen, die bei jeder festen
Arbeit wichtig sind, beispielsweise, daß man jeden Tag
pünktlich zur Arbeit kommt und sich bemüht, mit den
Kollegen und Vorgesetzten auszukommen.

In der zweiten Phase werden die Arbeiter zu Gruppen zusammengefaßt, die sich schon weitgehend selbst
»beaufsichtigen«. Die Bezahlung richtet sich nun nach
der Produktivität des Teams.

In der dritten Phase organisieren die Arbeiter den gesamten Arbeitsablauf mit Hilfe selbstorganisierter Arbeitsgruppen. In dieser Phase werden die Arbeiter zu
Besitzern von Unternehmensanteilen.

Die Idee der selbstorganisierten Arbeitsgruppen ist
zwar aus ökonomischen Erwägungen entstanden, doch
hat die Zusammenarbeit solcher Teams auch weitrei-
chende pädagogische, psychologische und sogar spirituelle Auswirkungen. Die Mitglieder werden zu selb-
ständigem Denken und Handeln motiviert, sie werden
dazu angespornt, einander zu helfen und harmonisch
an der Verwirklichung eines gemeinsamen Zieles mit-
zuarbeiten. All dies wirkt sich sehr positiv auf das
Selbstwertgefühl der Beteiligten aus, die stolz auf die eigenen Leistungen sind. Außerdem ist zu erwarten, daß

die Organisation der Arbeit in dieser Form längerfristig auch sehr positive Konsequenzen für die Entwicklung des Gemeinwesens haben wird, da durch die Selbstschulung der Teams eine neue Generation von gut ausgebildeten, sozial verantwortungsbewußten, selbständig mitdenkenden und stark motivierten Arbeitskräften heranwächst.

Definiere deine Erfolgskriterien

Das Konzept der Erfolgsermittlung unter Einbeziehung der einschränkenden Bedingungen sollte sowohl bei profitorientierten Unternehmen als auch bei Non-Profit-Organisationen angewendet werden. Manager sollten mit allen Beteiligten darüber sprechen, welche einschränkenden Bedingungen bei der Berechnung des Unternehmenserfolgs zu berücksichtigen sind. Da die Situation jedes Unternehmens und jedes Projekts anders ist, müssen Sie, um die für Ihre Firma oder für Ihr Projekt relevanten Aspekte herauszufinden, mit allen Beteiligten darüber diskutieren. Aufgrund dieser Diskussion können Sie dann Ihre Vision umreißen und definieren, welche konkreten Zielsetzungen Ihnen als wichtig erscheinen. So können Sie sich Klarheit über den wahren Sinn und Zweck Ihres Unternehmens und Ihres Lebens verschaffen.

Beim »Kochen« eines Unternehmens oder irgendeiner anderen Art von Organisation sollte versucht werden, die Eigenart aller Teile der Organisation – ihren Geschmack – zu wahren. Gleichzeitig muß sichergestellt werden, daß alle Teile gut mit allen anderen harmonieren.

Diese Zielsetzung ist sehr schwer zu verwirklichen, weil natürlich jeder Teil aufgrund seiner Eigenart dazu tendiert, sich von den übrigen Teilen zu entfernen. Sobald wir ein Kommunikationsnetz knüpfen, setzt das Auseinanderstreben der einzelnen Teile ein. Wir müssen also eine Möglichkeit finden, wie wir die einzelnen Teile zusammenhalten können, ohne sie in ihrer Eigenart zu zerstören.

Die jüdischen Mystiker sagen, die heilige Flamme sei am Anfang der Schöpfung in Milliarden von Funken zerstoben, und diese Funken müßten alle wieder in die heilige Flamme zurückgeholt werden.

Damit ist gemeint, daß alles ständig auseinanderzufallen droht. »Ich möchte von dir getrennt sein.« – »Ich möchte, daß meine Gruppe besser ist als deine oder daß meine Abteilung besser abschneidet als deine.« – »Ich möchte, daß diese Organisation mehr Erfolg hat als jene.« Weil die einzelnen Funken ständig auseinanderstreben, muß irgend jemand sie wieder zu jener Einheit – zum einen Leben, zum ganzen Leben, zur heiligen Flamme – zusammenführen, die sie in Wirklichkeit sind.

Dieses Ziel verfolgt der Zen-Koch. Denn die heilige Flamme ist ein anderes Bild für das Große Mahl.

Und diese Wiederherstellung der Einheit wird – zumindest beim Greyston-Modell – ermöglicht durch das lebendige, dynamische Zusammenwirken zwischen Spiritualität und Broterwerb.

Beispielsweise verschafft die Greyston-Bäckerei Obdachlosen, die vom Greyston Family Inn in Wohnungen untergebracht werden, Arbeit. Das Greyston Family Inn kümmert sich um die Unterbringung und um die Kinderbetreuung für die Arbeiter, die in der Bäckerei tätig sind. Sowohl die Bäckerei als auch das Family Inn bieten berufliche Aus- und Fortbildungskurse und Lebensberatung an. Und die Greyston-Builders richten für die Mitglieder des Greyston Family Inn Wohnungen her und geben dadurch Bauarbeitern, die ethnischen Minderheiten angehören und die selbst in dem Haus leben, Arbeit.

Gleichzeitig versuchen wir, die Situation so zu gestalten, daß das spirituelle Wachstum aller Beteiligten gefördert wird – nicht indem wir die Leute zu bestimmten spirituellen Übungen anhalten, sondern indem wir einfach eine Atmosphäre schaffen, in der Menschen die Einheit aller Lebensformen und ihre Abhängigkeit voneinander direkt erfahren können.

Wir wollen auf keinen Fall, daß eine abgehobene

»spirituelle« Atmosphäre entsteht. Die Arbeiter in der Greyston-Bäckerei hören lieber Rap als New-Age-Musik. Doch kann sich in selbstorganisierten Arbeitsgruppen eine natürliche Anteilnahme am Leben aller Gruppenmitglieder entwickeln, und die Mitglieder können in diesen Gruppen die Abhängigkeit aller Lebewesen voneinander sehr anschaulich erfahren. Eine saubere, gut organisierte Umgebung kann Menschen helfen, sich von der falschen dualistischen Vorstellung zu lösen, daß Ich und Umwelt voneinander getrennt sind. Wenn man Arbeiter schult, sich bei ihrer Arbeit auf den Augenblick zu konzentrieren statt auf ein in der Zukunft liegendes Ziel, wird dadurch ein meditatives Gewahrsein der Gegenwart gefördert. Und wenn Menschen lernen, sich nicht von einer technologischen Lösung abhängig zu machen, die irgendwann in der Zukunft gefunden werden wird, so spornt sie dies dazu an, ständig über kleine Verbesserungen nachzudenken, die sich hier und jetzt ohne großen Aufwand verwirklichen lassen. Menschen, die in einer solchen Atmosphäre leben und arbeiten, suchen fast zwangsläufig irgendwann nach einer Form der spirituellen Übung oder Anleitung, die wirklich etwas mit ihrem Leben zu tun hat.

Auf diese Weise können wir sowohl unser Alltagsleben als auch unsere Arbeit für unsere spirituelle Entwicklung nutzen.

16

Dienen und Opfern

In Japan gibt es eine Form der spirituellen Übung mit Namen *Takuhatsu*, was wörtlich übersetzt »Schalen tragen« bedeutet. Die Übung besteht darin, daß die Zen-Mönche täglich auf die Straßen hinausgehen und um Essen betteln. Diese Praxis stammt aus der Zeit Buddhas, als die Mönche noch nicht in Klöstern lebten, in denen es Küchen gab.

Doch geht es bei der *Takuhatsu*-Übung nicht nur um die Beschaffung von Essen, sondern auch darum, wie man mit den Gaben, die man bekommt, umgeht. Die Mönche tragen bei dieser Übung große Strohhüte, die die obere Hälfte ihres Gesichts verdecken. Sie schauen weder die Spender noch die gespendeten Gaben direkt an. Was auch immer sie bekommen, nehmen sie dankbar entgegen.

Nicht alle, die diese Übung ausführen, verstehen und schätzen sie. Es gibt eine Geschichte über einen Mönch, der beim Bettelgang von einer Frau angeschrien wurde: »Du Faulpelz, geh doch arbeiten!« Woraufhin die Frau ihm einen großen Eimer Wasser über den Kopf goß und der Mönch wütend wurde. Als er zum Kloster zurückkam, erinnerte sein Lehrer ihn daran, daß man beim *Takuhatsu* alles, Gutes wie Schlechtes, mit Gleichmut annehmen sollte. Der Lehrer erklärte dem Mönch, er hätte die Wut der Frau als Gabe annehmen müssen.

Ebenso wichtig ist es, daß wir mit dem, was das Leben uns bringt mit all seinen verschiedenartigen Gaben, umzugehen lernen. Manchmal bekommen wir zuviel, manchmal zuwenig. Vielleicht werden auch wir manchmal beschimpft oder verflucht. In anderen Situationen erhalten wir ein großes Lob, und oft ist der Umgang mit Lob schwerer als der Umgang mit allen anderen Gaben.

Mache dein Heim zu einem Tempel

Vor einigen Jahren traf der Dalai Lama, ein buddhistischer Mönch, der gleichzeitig das spirituelle und das weltliche Oberhaupt Tibets ist, in New Jersey mit einer Gruppe von Rabbis zusammen. Der Dalai Lama fragte die Rabbis, wie die Juden es geschafft hätten, ihre Religion und Kultur durch die zweitausend Jahre ihres Exils lebendig zu erhalten. Da die Tibeter seit dreißig Jahren im Exil seien, mache er sich Sorgen um die Zukunft der tibetischen Religion.

Einer der Anwesenden, Blu Greenberg, antwortete,

die Erhaltung der jüdischen Religion beruhe auf einem genialen Einfall, den die Rabbis nach der Zerstörung des Tempels in Jerusalem gehabt hätten: Sie hätten damals gesagt, jedes Heim solle nun zu einem Tempel werden. So entstand das Sabbat-Ritual, ein rituelles Mahl, bei dem alle Einzelheiten bedeutungsvoll sind: Die Kerzen werden auf eine bestimmte Weise auf dem Tisch verteilt und auf eine bestimmte Weise angezündet, und das Mahl beginnt mit einer rituellen Handwaschung und einem Segensspruch über Brot und Wein. So wird das wöchentliche Sabbat-Mahl zu einem Ausdruck der Gemeinschaft und Zwiesprache mit Gott. Das Exil hat die jüdische Tradition deshalb nicht zerstören können, weil die Familien die Tradition am Leben hielten. Und das wichtigste war wohl, daß auch die Kinder einbezogen wurden. Dieser Aspekt erschien dem Dalai Lama besonders interessant. Er sagte: »Wenn unsere Kinder im Kloster an Ritualen teilnehmen, schlafen sie gewöhnlich ein.«

Mache auch dein Unternehmen zu einem Tempel

Ein *Zendo*, einen Tempel oder eine Kirche zu besuchen ist eine wunderbare Sache, doch sind dies keineswegs die einzigen Orte, an denen man seiner Spiritualität Ausdruck verleihen kann. Natürlich haben auch wir in unserer Gemeinschaft ein *Zendo*, einen Meditationsraum, doch versuche ich den Leuten immer wieder klarzumachen, daß sie auch zu Hause meditieren können. Im Katholizismus geht man in die Kirche und empfängt dort die Kommunion. Dagegen ist im Prinzip nichts einzuwenden, doch der Nachteil dieser Regelung ist, daß man die Kommunion nicht empfangen kann, wenn man sich nicht in der Nähe einer Kirche befindet.

Meiner Meinung nach war es sehr weise von den Juden, das Heim zum Mittelpunkt ihrer Religion zu machen. Ich würde allerdings noch einen Schritt weiter gehen und sagen, daß nicht nur unser Heim unser Tempel ist, sondern auch unser Arbeitsplatz und das Unternehmen, in dem wir arbeiten. Bei der Eröffnung der Greyston-Bäckerei richteten wir auf der obersten Etage des Gebäudes, über den Büros, einen Meditationsraum ein. Wir bearbeiteten die Wände des Raums mit einem Sandstrahlgerät, polierten den Boden und können nun auch an unserem Arbeitsplatz meditieren.

Ein wichtiger Bestandteil unserer Bemühungen ist, unser Unternehmen beziehungsweise unsere Arbeit zu unserem Tempel zu machen. Wir erledigen also nicht zuerst unsere Arbeit und gehen anschließend irgendwo anders hin, um uns »spirituell zu betätigen«. »Spirituelle Betätigung«, was auch immer man darunter verstehen mag, ist eines der wichtigsten Elemente unserer geschäftlichen Aktivitäten.

Spiritualität ist auch eines der wichtigsten Elemente

unseres sozialen Engagements. Wenn nicht irgendeine Art persönlicher Weiterentwicklung stattfindet – sowohl in den Helfern als auch in denjenigen, die Hilfe erhalten –, kann keine grundlegende Veränderung eintreten. Und das bedeutet, daß wir in jener Sicht der Welt gefangen bleiben, die uns von der Realität trennt. Solange diese dualistische Sicht bestehen bleibt, können nur quantitative, niemals jedoch qualitative Veränderungen eintreten. Grundlegende Veränderungen sind nur möglich, wenn wir die Mauern unserer irrigen Sichtweise durchbrechen. Eine solche persönliche Entwicklung ist unerläßlich. Schließlich bestehen Institutionen aus nichts anderem als aus Individuen.

Doch erwarten wir von keinem Mitglied des Greyston Family Inn, daß es sich mit Zen oder mit irgendeiner anderen Religion beschäftigt. Wir bieten lediglich Kurse an, in denen es um Themen wie Selbstachtung und Persönlichkeitsentwicklung geht, und wir unterstützen jede Form von spirituellem Engagement.

Im Berufs- und Geschäftsleben, im Bereich des sozialen Engagements und im Leben allgemein ist spirituelle Transformation die Hefe, die das Brot beim Backen aufgehen läßt.

Nahrung für die Buddhas

Wenn der Koch im Zen-Kloster mit der Zubereitung des Essens fertig ist, verbeugt er sich vor den in der Meditationshalle versammelten Mönchen und opfert anschließend Teile des Essens dem Buddha, dem Kochfeuer, den Schutzgottheiten der Küche und den hungrigen Geistern. Dann grüßt er den obersten Servierer, der, vom dramatischen Klang einer Trommel begleitet, das Essen austeilt.

Weil die Aktivität des Essens in Zen-Klöstern nicht als eine Zeit der Entspannung, sondern als Fortsetzung der Meditation verstanden wird, essen die Mönche in der Meditationshalle auf ihren Meditationskissen. Bevor sie zu essen beginnen, stimmen sie einen Gesang an, in dem die zweiundsiebzig Arten von Arbeit aufgezählt werden, die der Fertigstellung des Essens vorangegangen sind – die der Bauern, die den Boden umgegraben und den Reis gepflanzt haben, die der Menschen, die den Reis geerntet und gedroschen haben, bis hin zur Arbeit des Servierers. So bringen sie sich in Erinnerung, daß sie sich durch die Art, wie sie leben, all der Mühe würdig erweisen, die die Entstehung des Essens anderer Menschen bereitet hat.

Die Mönche essen aus einer speziellen Schale mit Namen *Oryoki*, die der Bettelschale des Buddha nachempfunden ist. Darin empfangen sie genau die Menge an Essen, die sie brauchen. Die richtige Menge Essen ist für jeden Menschen eine andere, weil jeder unterschiedlich viel Nahrung braucht. Ob das wenig oder viel ist, spielt keine Rolle. Die Mönche essen genau das, was sie brauchen, nicht mehr und nicht weniger.

Sie signalisieren dem Servierer durch Handzeichen, wieviel er ihnen geben soll. Sie können auch um eine zweite oder sogar eine dritte Füllung der Schale bitten, müssen sich aber davor hüten, zuviel zu nehmen, da niemand etwas in der Schale zurücklassen darf.

Das Auge ißt mit

In der westlichen Welt servieren wir Essen natürlich auf eine etwas andere Weise, als es in japanischen Zen-Klöstern üblich ist. Doch orientieren wir uns dabei eigentlich an einem ganz ähnlichen Prinzip. Wenn wir uns die Mühe machen, das Essen auf Tellern und Tabletts anzurichten, und wenn wir den Tisch festlich decken, so bringen auch wir damit eine Art Opfer dar.

Vielleicht meinen wir, daß wir ganz einfach deshalb essen, weil wir hungrig sind. Doch essen wir nicht in der Küche direkt aus dem Topf, und wir klatschen das Essen auch nicht mit der Kelle auf den Teller, so wie es gewöhnlich in einer Suppenküche gemacht wird, sondern wir warten geduldig, bis das Essen angerichtet und auf den Tisch gestellt worden ist. Das Schmücken des Tischs mit Kerzen und Blumen und das ästhetische Anrichten der Speisen ist eine sehr wichtige Vorbereitung auf das Essen.

Beim Essen führen wir unserem Körper Nahrung zu und stillen unseren Hunger. Doch ein schön garniertes

Essen nährt auch das Auge, indem es unser Empfinden für Schönheit, Farbe und Proportion anregt.

Auch bei unserer sozialen Arbeit achte ich darauf, daß die ästhetische Komponente nicht zu kurz kommt. Den meisten Sozialarbeitern ist dieser Aspekt gleichgültig. Wenn sie sehen, wieviel Wert wir auf Ästhetik legen, sagen sie oft: »Was hat das mit dem Bauch dieser Leute oder mit ihrer Arbeit zu tun?«

Wir sind der Meinung, daß Ästhetik für die Menschen, für die wir arbeiten, sehr wichtig ist. Menschen brauchen eine Wohnung, Essen und Arbeit, aber sie brauchen auch noch andere Dinge. Menschen haben auch ästhetische Bedürfnisse. Eine schöne Umgebung inspiriert sie dazu, ihr Leben ganzheitlicher zu gestalten und intensiver wahrzunehmen, wie kostbar die Welt und all ihre Mitmenschen sind. Die Schönheit von Kunst und Natur erinnert uns an die innere Harmonie und an die Pracht, die sich in der Existenz jedes Menschen manifestieren. Die Japaner verstehen dies offenbar besonders gut. In jedem Haus und in jedem Nudelgeschäft, so winzig und einfach es auch sein mag, gibt es ein *Tokonomo*, eine Nische, die mit einem gemalten Rollbild und einem kleinen Blumenarrangement geschmückt ist. Dieses kleine ästhetische Refugium erfrischt die Seele und verleiht dem Alltagsleben Würde und Anmut.

Auch Kunst kann Menschen bei der Selbstfindung helfen. Mitch Snyder, der Gründer einer innovativen

Gemeinschaft in Washington, D.C., die Menschen Obdach gibt, hat festgestellt, daß Theaterprojekte, Malen und kreatives Schreiben Obdachlosen sehr dabei helfen können, ihr Leben wieder in die eigenen Hände zu nehmen.

Vielleicht wird in den Suppenküchen und in ähnlichen Einrichtungen der ästhetische Aspekt des Essens deshalb so stark vernachlässigt, weil die Köche sich ihre Gäste nicht genau genug anschauen. Vielleicht nähren sie vor allem ihre eigene Vorstellung von einem Obdachlosen. Ich habe nie verstanden, warum in Suppenküchen einfach nur Essen auf Teller geschaufelt wird. Meiner Meinung nach sollte eine Suppenküche ein Restaurant mit Tischdecken und Blumen auf den Tischen sein, ein Ort der Würde. Dieser Überzeugung bin ich, weil für mich diejenigen, die ich bediene und denen ich diene, keine Aussätzigen und auch keine abstrakten »Obdachlosen« sind, sondern Menschen, die die gleichen Dinge zu schätzen wissen wie ich selbst. Vielleicht habe ich nicht genug Geld, um alles so zu machen, wie ich es gern möchte, doch mit den verfügbaren Mitteln versuche ich zumindest das Bestmögliche zu tun.

Die Bedeutung, die wir dem ästhetischen Aspekt beimessen, spiegelt sich auch in der Gestaltung des Hauses in der Warburton Avenue 68. Eine hellblaue Markise überspannt den Gehweg, und hinter dem Haus haben wir eine Art Märchengarten für Kinder angelegt, mit einem Wasserfall, einem Kletterbaum und Sträuchern, in denen sie Verstecken spielen können. Es fasziniert mich immer wieder, wie oft Besucher, die durch das Gebäude gehen, sagen: »Das sieht aber gar nicht wie ein Haus für Obdachlose aus« – nur weil wir das Haus für die Leute ein wenig angenehm und würdig gestaltet haben. In einem gewissen Sinn haben diese Besucher mit ihrer Bemerkung übrigens tatsächlich recht: Das Gebäude ist keine Obdachlosenunterkunft, weil keine Obdachlosen darin wohnen.

Ästhetik ist auch im Wirtschaftsleben ein wichtiges Element, das allerdings auch zum Selbstzweck werden kann. In unserer Gebäckproduktion beispielsweise legen wir viel Wert auf das Aussehen der Produkte. Ein angehender Bäcker muß bei uns lernen, Kuchen mit Zuckerguß zu überziehen und zu dekorieren. Diese Tätigkeit unterscheidet sich gar nicht so sehr vom kalligraphischen Zeichnen und Schreiben. Die Zuckergußspritze wird dabei zum Pinsel und der Zuckerguß zur Tinte. Die Dekoration mit Zuckerguß gibt dem Kuchen nicht nur ein ansprechendes Äußeres, sondern die Verzierungen vermitteln auch etwas von dem Geist, in dem der Kuchen gebacken worden ist.

Von der Hölle in den Himmel

Es gibt eine alte Schriftrolle der Zen-Tradition, auf der Himmel und Hölle dargestellt sind. In der Hölle sitzen die hungrigen Geister an einem großen Tisch, auf dem sich Köstlichkeiten aller Art befinden, und versuchen, mit sehr langen Löffeln davon zu essen. Doch weil die Löffel so lang sind, können die Geister trotz aller Bemühung ihren Mund nicht erreichen.

Im Himmel sitzen die hungrigen Geister um einen ebenso reich gedeckten Tisch, ebenfalls mit langen Löffeln. Doch dort füttern sie sich gegenseitig, und so werden alle satt.

Wenn wir uns ebenso verhalten, können wir unsere Welt, die oft wie eine Hölle anmutet, in einen Himmel verwandeln. Erst wenn wir einen Teil unserer Nahrung anderen geben, die ebenso hungrig sind wie wir, können wir unseren tiefsten Hunger stillen.

*Das Opfern ist für den Opfernden ebenso wichtig
wie die Gaben für den Empfänger*

Nachdem wir uns alle Arbeiten bewußt gemacht haben, durch die wir in den Genuß dieses Essens gekommen sind, geben wir etwas von dem Empfangenen zurück.

Wenn wir dem Gemeinwesen, in dem wir leben, nichts vom erwirtschafteten Ertrag unseres Unternehmens zurückgeben, nutzen wir einfach nur die Ressourcen des Gemeinwesens aus. Und wenn wir dem Planeten, auf dem wir alle wohnen, als Gegenleistung für die Nutzung seiner Ressourcen nichts zurückgeben, so beuten wir ihn ebenfalls aus. Ein kluger Bauer baut nicht immer das gleiche auf einem Acker an, oder zumindest düngt er den Boden, damit dieser nicht völlig ausgelaugt wird.

Deshalb geben wir bei einer Mahlzeit einen Teil von dem, was wir empfangen, als Opfergabe zurück. Wenn wir nichts zurückgeben, werden irgendwann alle hungrigen Geister kommen und uns das ganze Essen abnehmen. Wenn die Menschen immer ärmer werden, weil die Unternehmer bei ihren geschäftlichen Aktivitäten nur den Profit im Auge haben, wird die Situation der Bevölkerung immer unerträglicher, und irgendwann kommt es zu einer sozialen Explosion.

Deshalb opfert der Zen-Koch einen Teil des Essens den hungrigen Geistern, dem Gemeinwesen und der Erde selbst.

Und schließlich erkennen wir, daß auch der Vorgang des Essens selbst ein Opfern ist. Wir geben und empfangen immer gleichzeitig.

17

Wie man essen sollte

Die Aktivität des Essens ist der Höhepunkt von allem, was wir hier beschrieben haben – des Reinigens und Vorbereitens, des Sammelns, Schneidens und Vermengens der Zutaten mit Hilfe verschiedener Werkzeuge, des Kochens und schließlich des Servierens. Essen ist der Höhepunkt. Es ist die Zeremonie des Festschmauses, der Kommunion, des Segensempfangs oder der Danksagung.

In der Art, wie wir essen, sollte unsere Wertschätzung für die Speisen und für all die Mühen ihrer Zubereitung zum Ausdruck kommen. Um die verschiedenen Geschmäcke und Konsistenzen der Speisen voll genießen zu können, sollten wir möglichst langsam essen – zumindest langsamer als gewöhnlich. Und wir sollten unsere Aufmerksamkeit auf die Speisen richten und auf die Menschen, mit denen wir gemeinsam essen. Wir sollten uns Zeit nehmen. Es gibt die Empfehlung, man solle Reis fünfzigmal kauen, bevor man ihn hinunterschluckt. Das ist vielleicht etwas zuviel verlangt, aber zumindest sollten wir unser Essen so gut kauen, daß wir die sechs Geschmäcke genießen können: bitter, sauer, süß, salzig, mild und scharf.

Wenn wir mit dieser Art von Gewahrsein essen, essen wir genau so viel, wie wir brauchen, ganz gleich, wieviel das für uns sein mag, so wie die Zen-Mönche bei der *Oryoki*-Zeremonie. Essen wir zuwenig, so drükken wir dadurch Geringschätzung gegenüber dem Essen und der Arbeit des Kochs und Servierers aus – und das ist im Grunde gleichbedeutend mit einer Geringschätzung unseres eigenen Lebens. Wenn wir zuviel essen, bringen wir dadurch unseren Wunsch zum Ausdruck, daß das Mahl niemals zu Ende gehen möge – wir haften an der genußvollen Empfindung des Essens. Doch jedes Zuviel, auch von etwas Gutem, verwandelt sich schnell in etwas Unangenehmes. Genau das geschieht, wenn man im Geschäftsleben an Reichtum und Profit haftet: Der Fluß des Geschehens wird unterbrochen, und es kommt zu einer Verstopfung, die ein Verfaulen von innen her zur Folge hat.

Leben und Tod

Im Akt des Essens kommt auch das Paradox des Lebens selbst zum Ausdruck. Wenn wir etwas essen, das wir gekocht haben, erleben wir, wie alles, was wir mit viel Mühe geschaffen haben – unsere gesamte Arbeit –, dem Verzehr und damit der Vernichtung anheimfällt.

So nähern wir uns der Erfahrung, daß das Leben ein Prozeß unablässiger Schöpfung und Zerstörung ist. Wir können das zubereitete Essen nicht ewig aufbewahren, sondern müssen es entweder selbst verzehren oder es anderen zu essen geben. Wenn wir wirklich achtsam essen, werden wir feststellen, daß es an den Speisen nichts gibt, woran wir haften könnten.

Nahrung ist sowohl ein Opfern als auch ein Opfer, denn immer wird dabei etwas zur Erhaltung unseres Lebens geopfert. Nun lautet die erste Verhaltensregel der Zen-Tradition, daß man nicht töten soll. Man kann sich mit dieser Regel beschäftigen, indem man sich vergegenwärtigt, wie viele Wesen sterben müssen, damit wir weiterleben können. Unser Leben wird in jedem Augenblick durch Milliarden von Opferungen und Opfern ermöglicht und erhalten.

Wenn wir uns dies wirklich vergegenwärtigen, verringern wir spontan die Zahl die Opfer, die stattfinden, um unser Leben zu erhalten, und wir gewöhnen uns eine einfachere Lebensweise an. Eine tiefe Dankbarkeit für die unermeßliche Unterstützung, die uns ständig zuteil wird, bringt uns dazu, den bestmöglichen Gebrauch von all den unvermeidlichen Opfern zu machen. Möglicherweise hören wir dann auf, Fleisch zu essen, und werden Vegetarier. Obgleich natürlich auch für den Verzehr von Gemüse Lebendiges getötet wird, entwickeln wir vielleicht ein Gespür dafür, daß es etwas anderes ist, Wesen zu essen, die sich dessen bewußt sind, daß sie getötet werden, oder Wesen zu verzehren, die eine höchstens rudimentäre Form von Bewußtsein haben.

Die ungeheure Ironie, die sozusagen das Herz der Zen-Praxis bildet, besteht darin, daß man die erste Verhaltensregel des Zen, das Nicht-Töten, am radikalsten befolgt, indem man »das Ich tötet«. Wenn es uns gelingt, das abgetrennte Ich zu töten – d.h. zu wahrer Selbst-Vergessenheit zu gelangen –, so nähren wir das Leben auf die bestmögliche und tiefstmögliche Weise. Durch die Auflösung des individuellen Ich heben wir jene Trennung auf, die Töten überhaupt erst möglich macht, denn *Zazen* zu üben bedeutet, sich die Ganzheit des Lebens zu vergegenwärtigen, sich also nicht nur der Teile bewußt zu sein, die man mag oder nicht mag. Es bedeutet zu lernen, andere Wesen und die ganze Welt nicht als von uns getrennt zu erfahren.

Als ich kürzlich über Buddhas Leben nachdachte und darüber, wie sein Vater versucht hat, ihn von Leiden, Alter und Tod fernzuhalten, wurde diese Geschichte für mich zu einer Metapher für unser Bestreben, jene Aspekte unserer selbst und der Gesellschaft zu leugnen, vor denen wir Angst haben und mit denen wir uns nicht beschäftigen wollen – für unsere Tendenz, uns als getrennt von ihnen zu erleben.

Wie wichtig es ist, daß wir die Dinge zu akzeptieren lernen, die wir gewöhnlich leugnen, habe ich in meiner *Zazen*-Praxis gelernt. Sie hat mich gelehrt, das Leben

als ein Ganzes zu erfahren. Wenn ich einfach das be-
zeuge, was geschieht, lerne ich davon und öffne mich
dem, was ist. Dadurch wird ein Heilungsprozeß in
Gang gesetzt. Gerade von den Dingen, die wir geleug-
net haben, können wir das meiste lernen. Nicht *sie* lernen etwas *von uns*, sondern *wir von ihnen*.

Lasse ein wenig Raum

Yasutani Roshi pflegte zu sagen, die ersten beiden Drittel des Essens seien für uns und das letzte Drittel für
den Arzt. Er meinte, es sei ungesund, so viel zu essen,
wie man könne. Besser sei es, ein wenig Platz zu lassen.
Wir sollten unseren Körper nicht überlasten.

Auch Luft ist Nahrung, und Atmen ist eine Art zu essen. In der Zen-Meditation stellen wir uns den Bauch
wie einen Ballon vor. Beim Einatmen füllen wir den
Ballon nicht vollständig, sondern lassen ein wenig
Raum. Und beim Ausatmen lassen wir den Ballon
nicht völlig zusammenschrumpfen, sondern wir lassen
ein wenig Luft in der Lunge, weil der Atem kontinuier-
lich fließen soll und der Übergang zum Einatmen möglichst sanft sein soll.

Das gleiche gilt für Unternehmen. Wenn die Bank
bereit ist, Ihnen fünfhunderttausend Dollar zu leihen,
dann denken Sie darüber nach, ob nicht auch vierhun-
derttausend reichen. Wenn Ihr Unternehmen sehr
schnell wächst, so wie ein Ballon sich schnell füllt,

dann denken Sie darüber nach, ob sie die Wachstums-
geschwindigkeit nicht um etwa zwanzig Prozent ver-
langsamen können. Lassen Sie das Unternehmen
wachsen, aber achten Sie auch darauf, daß Ihnen selbst
dabei nicht die Puste ausgeht.

Tägliches Brot

Weil wir täglich zwei-, drei- oder viermal essen, vergessen wir leicht, wie wunderbar es ist, daß wir dies können. Es geht uns damit genauso wie mit dem Sonnen-
auf- und -untergang. Die Sonne geht jeden Tag auf und
wieder unter. Einen besonders schönen Sonnenaufgang
registrieren wir vielleicht noch, aber einen »normalen«
Sonnenaufgang beachten wir gewöhnlich gar nicht.

Wenn wir jeden Sonnenaufgang wie beim erstenmal
erleben können, wird dieses tägliche Ereignis für uns zu
etwas ganz Besonderem und Wunderschönem. Ebenso
kann es uns auch mit jedem Essen gehen, das wir kochen.

Japaner verbeugen sich oft voreinander. Zen-Schüler
verbeugen sich natürlich vor ihrem Lehrer, doch im
Zen verbeugt man sich auch dann vor dem Lehrer,
wenn dieser nicht anwesend ist. Es heißt sogar, es sei
wichtiger, sich vor dem Lehrer zu verbeugen, wenn dieser nicht anwesend sei. Für ebenso wichtig halte ich es,
auch dann zu feiern, wenn wir glauben, es gebe nichts
zu feiern. Es ist wichtig, auch dann Feste zu feiern,
wenn es *keinen* Anlaß dafür gibt.

Als wir noch an der Renovierung des Hauses arbeiteten, stellten wir einen Weihnachtsbaum auf das Dach und schmückten ihn mit Lichtern. Obwohl das Gebäude noch nicht fertig war, nahmen wir uns Zeit zum Feiern.

Es ist leicht, sich vor einem Lehrer oder einer Lehrerin zu verbeugen, wenn die betreffende Person anwesend ist. Es ist leicht zu feiern, wenn es einen Grund zum Feiern gibt. Wesentlich schwerer und auch wichtiger ist jedoch, daß wir die ganze Zeit über das Potential des Lebens sehen und jedes Essen so zubereiten, als wäre es unser erstes und letztes Mahl.

Wenn wir das Große und Höchste Mahl servieren, geben wir nicht nur anderen Menschen etwas zu essen oder bringen ihnen bei, wie sie selbst kochen können, sondern wir lehren sie und inspirieren sie dazu, selbst anderen Menschen das Kochen beizubringen und sie ebenfalls zum Kochen zu inspirieren. Wenn Sie nur für sich selbst kochen, werden Sie nie ganz satt werden, soviel Sie auch essen mögen.

Indem Sie anderen das Große Mahl anbieten, lösen Sie eine endlose Kettenreaktion aus. Dogen hat gesagt, jeder Lehrer solle mindestens eineinhalb Nachfolger ausbilden – mindestens eineinhalb Schüler, die in der Lage seien, das, was sie selbst gelernt haben, anderen weiterzugeben. Wenn Sie es schaffen, mehr als einen Menschen in diesem Sinn anzuleiten, wird das, was Sie gelehrt haben, irgendwann das ganze Universum erfüllen.

18

Den Tisch abräumen

*E*s gibt ein *Koan* über einen Mönch, der zum Zen-Meister Joshu kommt und sagt: »Bitte, sag mir, wie ich üben soll.«

Joshu antwortet: »Hast du dein Essen aufgegessen?« – Was in der Zen-Sprache bedeutet: »Hast du die Erleuchtung gekostet?«

Der Mönch antwortet: »Ja, ich habe gegessen.«

»Gut«, fährt Joshu fort, »dann geh und reinige deine Eßschale.«

Joshus »Reinige deine Eßschale« bedeutet, daß Erleuchtung keine Spur hinterlassen sollte. Doch wies er damit gleichzeitig darauf hin, daß es sehr schwierig, wenn nicht gar unmöglich ist, alle Spuren zu beseitigen. Es ist wie bei der Schildkröte in einer anderen Zen-Geschichte: Die Schildkröte hinterläßt immer Fußspuren im Sand, die ihr Schwanz dann wieder verwischt. Doch der Schwanz der Schildkröte hinterläßt natürlich Schwanzspuren!

Es wird uns wahrscheinlich nie gelingen, all unsere

Spuren zu beseitigen. Wir können das Essen restlos aufessen, dann den Tisch aufräumen und abwischen, die Teller abwaschen und die Töpfe scheuern. Doch anschließend müssen wir das Reinigungsmittel vom Tisch entfernen, den Ausguß reinigen, und dann bleibt immer noch ein schmutziger Schwamm zurück, und wir stellen fest, daß ein Teil des schmutzigen Wassers auf dem Küchenboden gelandet ist.

Genauso ist es mit unseren erworbenen festen Ansichten und Verhaltensweisen – unseren Konditionierungen. Wenn wir unsere Konditionierungen auflösen, die uns davon abhalten, einfach zu tun, was als nächstes zu tun ist, entsteht dadurch eine neue Konditionierung, die wir ebenfalls wieder auflösen müssen.

Joshus Ausspruch »Reinige deine Eßschale« bezieht sich auf diesen Prozeß. Obwohl wir durch unser Tun letztendlich immer Spuren hinterlassen, können wir versuchen, sie so weitgehend wie möglich zu beseitigen oder gleich zu vermeiden. Deshalb sollten wir nicht umherlaufen und ausposaunen: »Ich bin erleuchtet«, oder: »Ich habe ein wundervolles Produkt entwickelt.« Wenn wir wirklich erleuchtet sind, kommt das in unserem Verhalten im gewöhnlichen Leben zum Ausdruck.

Wenn die Mönche im Zen-Kloster ihre Schale leergegessen haben, reinigen sie sie mit Tee oder heißem Wasser. Dann trinken sie das Wasser, und das restliche Wasser gießen sie im Garten aus.

Dieser Versuch, keine Spuren zu hinterlassen, hat einen sehr tiefen spirituellen und gleichzeitig auch einen sehr praktischen ökologischen Sinn: Dinge, die übrigbleiben, sollten wiederverwendet werden – so lange, bis nichts mehr übrig ist. Wenn Sie Waren herstellen, müssen Sie sich überlegen, was mit Ihrem Produkt geschieht, wenn es nicht mehr benutzt wird. Ob Sie ein neues Auto, einen neuen Kühlschrank oder eine neue Gebäckdose entwickeln, in jedem Fall sollten Sie schon in der Entwicklungsphase eine Möglichkeit zur Wiederverwertung des Produkts finden.

Wenn es Ihnen gelingt, die Spuren des Autos, das Sie gebaut haben, oder des wundervollen Festmahls, das Sie gerade gegessen haben, zu beseitigen, dann schaffen Sie dadurch einen offenen Raum, in dem sich Ihnen völlig neue Dinge offenbaren werden. »Spuren beseitigen« ist also im Grunde ein anderer Ausdruck für »reinigen«, und damit sind wir wieder an unserem Ausgangspunkt angekommen.

Keine Spur zu hinterlassen ist das, was man im Zen »Nicht-Dualität« nennt, jenen Zustand, in dem Subjekt und Objekt (Ich und Welt) eins werden. Die Unterscheidung zwischen dem Helfenden und denjenigen, denen geholfen wird, löst sich auf, und ebenso auch die Unterscheidung zwischen dem Geber und der Gabe oder zwischen dem Koch und dem Gast.

Eigentlich fordert Dogen uns nicht auf, nach dem Kochen alles zu reinigen, sondern er sagt, wir sollten die Spuren unseres Tuns schon *während* der Arbeit beseitigen, damit niemand weiß, was wir getan haben.

Wir machen also schon während des Kochens alles, was wir benutzt haben, sauber. Wir beseitigen die Spuren, während wir arbeiten. Trotzdem folgt am Ende eine gründliche Reinigung, genauso, wie auch am Anfang des Kochens eine Reinigung stand. Obwohl wir uns bemüht haben, während der Arbeit keine Spur zu hinterlassen, obwohl klar ist, daß wir bald wieder etwas Neues kochen werden, reinigen wir zum Abschluß noch einmal alles, mag es noch so sauber aussehen. Auch wenn wir uns sehr ruhig fühlen und wir uns in einem tiefen Zustand der Konzentration befinden, besteht der Weg des Zen-Kochs darin, sich immer zuerst zu zentrieren und zum Anfängergeist zurückzukehren – alles zu reinigen und sich einen Überblick über die verfügbaren Zutaten zu verschaffen.

Nun sind wir bereit, wieder von vorn anzufangen.

19

Neubeginn

Wenn wir etwas beenden, ob es ein Mahl oder ein Projekt ist, dann ist das so, als würde eine ganze Welt ausgelöscht, in der wir eine Zeitlang gelebt haben. Doch ist dies natürlich nicht das Ende unserer Arbeit oder unseres Lebens. Wenn wir etwas beenden, schaffen wir dadurch Raum für etwas Neues.

Anders ausgedrückt bedeutet dies: Nichts ist jemals wirklich beendet. Kein einzelnes Mahl, so köstlich oder nahrhaft es auch sein mag, setzt unserem Kochen und Essen ein Ende. Im Buddhismus gelobt der Bodhisattva, nicht endgültig ins Nirvana einzutreten und sich der Erleuchtung zu erfreuen, bis *alle* Wesen Erleuchtung erlangt haben. Da in jeder Sekunde neue Wesen geboren werden, wird dies sehr lange dauern beziehungsweise wahrscheinlich nie abgeschlossen sein.

Die Arbeit eines Bodhisattva nimmt also ebenso wie die einer Mutter nie ein Ende. Und auch für einen Meisterkoch gibt es immer ein nächstes Mahl, das er kocht, ob es sich dabei um das Große Mahl der Leere handelt, das uns von allem Hunger befreit, oder um das einfache, aber kräftigende Essen einer Suppenküche. Entscheidend ist, daß wir uns unablässig bemühen, unser Leben auf eine möglichst umfassende Weise zu leben, daß wir die Mahlzeiten, die wir kochen, genießen und daß wir unsere Speisen allen hungrigen Geistern anbieten, die wir in unsere Küche einladen.

Viele Menschen sind schockiert, wenn sie hören, daß wir schon Zuschüsse für die Renovierung weiterer Gebäude beantragt haben. *Mich* hingegen schockiert, *daß* sie darüber schockiert sind. Sie scheinen zu glauben, wir hätten all das, was wir getan haben, nur getan, um uns dann für immer am Ergebnis unseres Tuns, dem fertigen Gebäude, festhalten zu können. Man kann aber ein Essen, das man gekocht hat, nicht für alle Zeiten aufbewahren. Man muß es auf den Tisch bringen und essen, und anschließend muß man das Geschirr und die Töpfe abwaschen und sich neuen Dingen zuwenden.

Durch den Abschluß dieses Projekts haben wir ein Modell geschaffen, das andere nachahmen können. Es braucht uns jedoch nicht zu interessieren, ob oder wie dieses Projekt anderen Menschen an anderen Orten als Modell dienen wird. Ist es wirklich ein gutes Modell, so werden andere es ganz bestimmt aufgreifen und an ihre eigene Situation anpassen.

Wenn wir uns jetzt, nachdem alle Spuren des Umbaus und des Einzugs beseitigt worden sind, das Haus anschauen, stellen wir fest, daß die verfügbaren Zutaten mittlerweile völlig andere sind als vor drei Jahren, als die Familien noch in Motels lebten und die Kinder mit Bussen zur Schule gefahren wurden. Es würde den Mietern des Hauses nicht mehr gerecht, sie mit den gleichen Augen zu betrachten wie vor drei Jahren. Es würde ein völlig falsches Bild von dem schaffen, was heute möglich ist – von den heute verfügbaren Zutaten.

Mittlerweile sind wir mit unserer Arbeit an einem ganz anderen Punkt angelangt. Unter anderem steht für uns jetzt im Vordergrund, die achtzehn Familien in der Warburton Avenue völlig unabhängig zu machen. Ein anderes Ziel ist, das Zusammenleben der Familien in dem Gebäude so weiterzuentwickeln, daß es anderen Hausgemeinschaften als Modell dienen kann. Zum Beispiel gibt es im gleichen Wohnblock ein anderes Mietshaus, in dem Menschen wohnen, die nicht miteinander reden und die sich nicht so verhalten, daß ihre Gemeinschaft davon profitiert. Unser Haus, Greyston Inn, könnte zu einem Vorbild für die Entwicklung von Gemeinsinn und von Gemeinschaften werden.

Natürlich spielt der richtige Zeitpunkt immer eine wichtige Rolle, und die Bewohner müssen, bevor sie irgend jemand anderem helfen können, zunächst selbst völlig unabhängig werden. Doch können sie auch jetzt schon ihren Freunden in den Motels darüber berichten, wie sie am eigenen Leib erfahren haben, daß es einen Weg gibt, der aus der Obdachlosigkeit herausführt.

Das ist der Sinn des zwölften Schritts im Programm der Anonymen Alkoholiker, der dem Bodhisattva-Gelübde sehr nahe kommt. In beiden Fällen gelobt man, anderen Menschen zu helfen. Die Bewohner vom Greyston Inn könnten geloben, nicht zu ruhen, bis niemand mehr obdachlos ist. Die beste Methode, selbst nicht wieder in die alten Fehler zurückzufallen, besteht darin, daß man anderen hilft.

Das Endergebnis des Bodhisattva-Gelübdes ist, daß die Gäste selbst zu Köchen werden. Dies gilt für uns alle. Wenn wir erkannt haben, daß wir das Große Mahl unseres Lebens kochen, können wir Meisterköche werden. Und wenn wir dies werden, finden wir uns da wieder, wo wir schon immer gewesen sind – zu Hause, auf dem Marktplatz, in der Küche. Vielleicht sehen wir die Welt dann mit anderen Augen, doch wir tun weiterhin, was wir schon immer getan haben. Am Ende werden wir zu dem, was wir immer schon gewesen sind.

Sie müssen also den Tisch abräumen und wieder von vorn anfangen. Doch Sie fangen jetzt in einem neuen Zustand an, denn nach dem Mahl hat sich alles verändert. Das Leben ist in das Leben verwandelt worden. Wenn die Zutaten im Schrank oder die Bücher im Regal stehenbleiben, nützen sie niemandem. Was wir geschaffen haben, das Mietshaus, muß bewohnt werden. Die Möbel müssen in die Wohnungen gebracht werden, und dadurch werden auf den frisch gestrichenen Wänden Kratzer zurückbleiben. Es ist wie bei einem

neuen Auto, das erst einmal einen ersten Kratzer abbe-
kommen muß, damit man unbeschwert damit fahren
kann.

Dinge sind dazu da, damit sie benutzt werden. Wir
müssen unser Leben *leben*. Essen sollte gegessen und
vollständig verdaut werden. Wir sollten so leben und so
ausgiebigen Gebrauch von unseren Möglichkeiten machen, daß nicht mehr zu erkennen ist, ob wir tatsächlich etwas getan haben. Wenn wir etwas wirklich voll
und ganz tun, bleibt keine Spur zurück.

Von Dogen stammt der berühmte Ausspruch: »Das
Selbst zu erforschen heißt, das Selbst zu vergessen. Das
Selbst zu vergessen bedeutet, daß man durch alle Dinge
erleuchtet wird … Und diese spurlose Erleuchtung
endet nie.«

Epilog

Das dritte Gelübde

*I*ch hatte lange völlig vergessen, daß ich mir bei meinem Examen geschworen hatte, einmal auf den Straßen der Bowery zu leben. Es fiel mir erst wieder ein, als ich schon ein Jahr mit Obdachlosen arbeitete. Und da wußte ich, daß nun die Zeit dafür gekommen war.

Natürlich war mir zuerst völlig schleierhaft, wie ich dies anstellen sollte. Es war wieder ein neues Experiment. Doch wir bekamen ein wenig Unterstützung. Dean Morton von der Cathedral of St. John the Divine hatte während der sechziger Jahre in Chicago ein Ausbildungsprogramm für Seelsorger und Sozialarbeiter geleitet, und in diesem Rahmen hatten die Teilnehmer ein paar Tage auf der Straße gelebt, um am eigenen Leib zu erfahren, was das bedeutete. Sie hatten das damals »Eintauchen« genannt.

Dean Morton organisierte ein Treffen mit ein paar ehemals Obdachlosen, die mit einer kirchlichen Gruppe zusammenarbeiteten. Er riet uns, allem Unerwarteten offen zu begegnen. Die ehemaligen Obdachlosen gaben uns viele nützliche Tips. Beispielsweise erklärten sie uns, wo wir schlafen könnten und wo wir etwas zu essen bekommen würden. Sie warnten uns vor den großen städtischen Nachtasylen, weil dort die Leute oft ausgeraubt, vergewaltigt und erstochen würden und weil dort außerdem Aids und eine resistente Form der Tuberkulose grassiere. Sie rieten uns auch, nachts auf jeden Fall die Schuhe anzubehalten, damit sie nicht »wegliefen«.

Wochen vor Beginn des »Straßen-Retreats« fingen wir an, um Hilfe zu bitten, so wie die Leute auf der Straße es ständig tun. Ich hatte diejenigen, die an dem Experiment teilnehmen wollten, gebeten, für jeden Tag, den sie auf der Straße sein würden, eine bestimmte Summe Geld zu sammeln. Dadurch wurden wesentlich mehr Menschen an dem Retreat beteiligt als die tatsächlichen Teilnehmer. Einen Teil des gesammelten Geldes stifteten wir Organisationen, die sich für Obdachlose einsetzten, unter anderem den Missionen, in denen wir aßen, und ein Teil wurde zum Grundstock für ein neues Projekt, einem Heim für obdachlose Aidskranke. Durch die Sammelaktion kamen mehr als 30000 Dollar zusammen.

Retreats finden gewöhnlich an einem schönen Ort in freier Natur statt, wo die Probleme unseres Alltags in weiter Ferne liegen. Wir machen uns zu solchen Zeiten von den Dingen, die uns ständig belasten, frei, indem wir einen klaren Raum schaffen – einen leeren Geist –, damit wir unsere Alltagssorgen in einem neuen Licht betrachten können. Manchmal ziehen wir uns auch aus dem Alltag zurück, um mit Freunden oder Arbeitskollegen Probleme durchzuarbeiten, um gemeinsam neue Ideen zu entwickeln oder um Zukunftspläne zu schmieden.

Bei dem geplanten Straßen-Retreat taten wir genau das Gegenteil. Es war ein »Rückzug« *in* die Probleme *hinein,* für deren Lösung wir uns engagierten. Der Zen-Koch lernt mehr aus der Situation selbst als durch eine von der realen Situation abgetrennte theoretische Auseinandersetzung. Er macht eine Erfahrung, statt etwas darüber zu lesen oder sich darüber zu informieren. Wir wollten die Zutaten der Obdachlosigkeit direkt erfahren und hofften, dadurch für unsere Arbeit mit Obdachlosen viel Nützliches zu lernen und neue Lösungsansätze zu finden.

Das gleiche Prinzip kann man auch in Unternehmen anwenden. Wenn es Probleme zwischen den Arbeitern und dem Management gibt, können die Führungskräfte sich zusammensetzen, »von oben« über die Probleme sprechen und die entwickelten Lösungsansätze anschließend im Betrieb ausprobieren.

Wir könnten aber auch ein »Retreat« direkt in der Produktionsstätte organisieren. Wir könnten die Rollen tauschen und so das Leben aus der Perspektive der Menschen kennenlernen, die diese anderen Rollen innerhalb der Produktion gewöhnlich übernehmen. Ein Manager würde die Rolle eines Arbeiters oder Angestellten übernehmen und ein Angestellter die eines Managers.

Vielleicht würde uns diese Erfahrung nicht »schmek-ken«, aber wir würden so jedenfalls am eigenen Leib erfahren, worin die Probleme bestehen. Indem wir Dinge direkt erfahren, öffnen wir uns dem Unbekannten, statt alles durch die Brille unserer festen Vorstellungen zu sehen und zu erleben. Dadurch haben wir wesentlich größere Chancen herauszufinden, wie wir Dinge, die uns nicht gefallen, so nutzen oder verändern können, daß ein wundervolles Mahl entsteht.

Wir begannen unser Straßen-Retreat mit nichts weiter als zehn Dollar in der Tasche – zwei Dollar pro Tag – und den Kleidern, die wir am Leib trugen. Die Männer unter den Teilnehmern waren gebeten worden, sich schon ein paar Tage vorher den Bart wachsen zu lassen. Alle Teilnehmer hatten zur Identifikation nur ihre Social-Security-Karte bei sich. Ich hatte einen Zeitplan entworfen, und wir beschlossen, uns dreimal am Tag zu treffen, um zusammen zu meditieren und über unsere Erfahrungen zu sprechen. Doch merkten wir schon am ersten Tag, daß das unrealistisch war, denn die geplante erste Meditation um sieben Uhr morgens überschnitt sich genau mit der Öffnung der Suppenküchen. Außerdem hatten wir einfach nicht genug Zeit, um uns dreimal täglich zur Meditation zu treffen, obwohl wir nichts weiter zu tun hatten, als zum Essen, Pinkeln, Scheißen und Schlafen jeweils verschiedene Orte aufzusuchen. Es kostet eine Menge Zeit, sich einfach nur um das eigene Überleben zu kümmern, wenn man ständig von einem Ort zum anderen unterwegs ist. Erschwerend kam hinzu, daß es die ganze Woche über regnete. Wir wurden also gleich mit den grundlegenden Problemen des Lebens auf der Straße konfrontiert. Daher beschlossen wir, uns zweimal täglich in einem »Crack-Park« in der Bowery zur Meditation zu treffen.

Das Retreat war eines der tiefsten, an denen ich in meinem ganzen Leben teilgenommen habe. Ich schätze, daß mindestens neun Zehntel der einundzwanzig Teilnehmer in diesen Tagen tiefere Erfahrungen gemacht haben als in allen Retreats, in denen ich sie vorher erlebt hatte – und es schien dabei nebensächlich zu sein, ob sie die ganze Zeit über teilnahmen oder nur wenige Tage.

Keiner von uns empfand die Zeit auf der Straße als unerträglich. Es war ja auch keine echte Erfahrung der Obdachlosigkeit für uns, weil wir alle wußten, daß wir schon bald wieder in unsere gewohnte Umgebung zurückkehren würden. Doch zwang uns die Situation dazu, alle anderen Aspekte des Lebens zu vergessen und uns unmittelbar und ausschließlich ums Essen, Schlafen und Überleben zu kümmern. Eine Nacht schliefen wir in Kartons, die wir auf der Straße fanden. Es war kalt, das Trottoir war hart, die ganze Nacht über war die Straßenbeleuchtung eingeschaltet, und der Lärm hörte nie auf. Die Straße ließ uns nichts als das nackte Dasein.

Meist aßen wir in Missionen und Suppenküchen

und nahmen an Gottesdiensten teil, die vor dem Essen gehalten wurden. Zwar empfanden viele von uns es als Zumutung, daß man, wenn man etwas zu essen haben wollte, mehr oder weniger gezwungen wurde, an einem Gottesdienst teilzunehmen, doch die Menschen bekamen dort zweifellos echte Nahrung für die Seele. Sie hörten, daß Jesus sie liebte, so, wie sie waren. Wir lernten einige Menschen kennen, die sich durch die Mahlzeiten in der Mission grundlegend veränderten und gerettet worden waren – sowohl buchstäblich wie auch im spirituellen Sinn. Diese Erlebnisse zeigten mir noch einmal sehr deutlich, daß der Mensch nicht nur Nahrung für den Körper, sondern auch Nahrung für die Seele braucht.

Wir bekamen auch Ablehnung zu spüren. Die Menschen hatten Angst vor uns. Ihnen gefiel nicht, wie wir aussahen und wie wir rochen. Sobald sie uns sahen, wandten sie sich ab und schauten weg. Menschen, die uns normalerweise mit einem gewissen Respekt behandelten, beispielsweise Ladenbesitzer, wollten uns nicht in ihre Läden lassen.

Unser Retreat endete mit einem Passah-Gottesdienst und einer Ostermesse, weil Ostern und Passah in jenem Jahr zufällig auf den gleichen Tag fielen. Die Gottesdienste fanden im Freien statt, im Park vor der City Hall. Aus der Dunkelheit tauchten Obdachlose auf und kamen in den Park, um mit uns zusammen an diesen beiden Formen des heiligen Mahls teilzunehmen.

Rabbi Don Singer sprach darüber, daß das Passah-Fest an den Zug der Juden durch die Wüste erinnere, der sie aus der ägyptischen Sklaverei in die Freiheit geführt hatte. Wir teilten an alle Anwesenden Matzebrot aus, die einfachste Art von Brot, die man backen kann: Es besteht nur aus Wasser und Mehl, denn es wird ohne Hefe gebacken. Das Brot ist ungesäuert, weil die Juden wegen der geplanten Flucht keine Zeit hatten, es erst aufgehen zu lassen. Der Rabbi fügte noch hinzu, daß ungesäuertes Brot außerdem auch eine spirituelle Bedeutung habe. Es solle uns mahnen, unser Ich nicht »aufzublähen« und nicht arrogant zu werden.

Anschließend zelebrierte Father Kennedy eine Messe. Er hielt die Hostie empor – eine Waffel aus Mehl und Wasser, also ebenfalls die einfachste Form von Brot – und sagte, dies sei der Körper Christi. Dann opferte er Traubensaft als Christi Blut. Er zitierte Jesaja, der gesagt hat, man könne nicht ganz sein, wenn man nicht zuvor gebrochen worden sei.

Nachdem wir unser spirituelles Mahl beendet hatten, hielten wir mit allen Anwesenden ein kleines Festmahl ab. Ein Lastwagen der Greyston-Bäckerei brachte Kisten mit Regenwald-Cookies. Und wir servierten eine Suppe, so wie wir sie die ganze Woche über gegessen hatten, nur daß es diesmal Matzenknödelsuppe war. Irgendwie war es eigenartig, plötzlich wieder auf der anderen Seite zu stehen und Menschen etwas zu geben statt von anderen etwas zu bekommen. Wahrscheinlich gelang uns dies jetzt ein wenig besser, mit etwas mehr Aufmerksamkeit – wir waren eher wie eine Matze als wie ein Käsekuchen, könnte man sagen –, weil wir selbst im Regen Schlange gestanden hatten, wenn auch nur ein paar Tage lang.

Am nächsten Morgen sangen wir in unserem *Zendo* den Gesang, mit dem das Große Mahl allen hungrigen Geistern geopfert wird. Mir wurde klar, daß damit die drei Gelübde erfüllt waren, die ich dreißig Jahre vorher so beiläufig in einer Pizzeria formuliert hatte. Doch mir stand natürlich auch vor Augen, wieviel noch zu tun blieb.

Und so erneuerte ich spontan mein Gelübde. Vielleicht würde es ewig dauern, allen hungrigen Geistern in allen Welten etwas zu essen und ein Dach über dem Kopf zu geben. Doch so lange es auch dauern mochte, ich würde mein Bestes tun, um weiter die köstlichsten und freudigsten Festessen zuzubereiten, die man sich nur vorstellen kann.

Wenn Sie nach der Lektüre dieses Buches gern mehr über Greyston erfahren und die Arbeit dort unterstützen möchten, so wenden Sie sich an die folgende Adresse:

Greyston Foundation
21 Park Avenue
Yonkers, NY 10702
USA